目次

はじめに

以前の日本での「ワイン」のイメージは、結婚式、テーブルマナー、フレンチ、イタリアン、値段が高い、高くないと美味《うま》くない、蘊蓄《うんちく》が多い、ソムリエって何？　というところだったのではないでしょうか。

それが現在では、寿司《すし》屋でも居酒屋でも、家庭でも気軽に、そして鍋《なべ》と、刺身と、おしんこと、自由自在に自己流に愉《たの》しむ人が増えてきました。

これは、とても良いことだと思います。だって、人口一人当たりのワイン消費量が最も多いイタリアでは、日常の家庭の食卓でワインを飲むのに、普通のコップになみなみと注いで、ガブガブと飲む姿をたくさん見かけます。オーストリアでは、ジョッキにワインを炭酸で割って楽しむ方法を誰もが知っています。フランス人だってレストランでグラスをクルクル回しながらワインの香りを嗅《か》いでいる人は、ごくわずか。

それぞれの国で、地方で、そしてそれぞれの人による違った愉しみ方があるのです。私は、何事においても楽しみを感じるには、まず自己流から始めることが大切だと思っています。自宅の食卓で、ワインを大振りの徳利《とっくり》に移し、適当な大きさの茶碗《ちゃわん》に注いで、肉じゃがか何かをつまみにしながらゴクゴクと味わう。こんな感じです。

そして、このときに少しでも幸せな気持ちになれたとしたら、もっと自由自在にいろいろな方法で愉しむことができるでしょう。そして、さらに愉しみの幅を広げたいと想ったとしたら、ぜひこの本をお読みいただきたいと思います。

海外などの旅先でのワインを愉しむ。レストランでワインをもっと愉しむ。自宅でもっとワインの楽しみの幅を広げたい。そんなことをお考えの方々にお読みいただきたいと思います。近い将来、日本流のワインの飲み方が、皆様の日常の〝自由自在〟から生まれることを期待しています。

この本は、雑誌『アゴラ』と『セブンシーズ』に執筆していた連載コラムを、一冊にまとめたものです。この場をお借りして、連載の機会を与えていただいたご担当の皆様へ、そして、角川書店新書編集長・永井草二様、編集のプラネード佐藤由起様にあらためてお礼を申し上げます。

田崎真也

第一部

世界のワインと料理をどう愉しむか

食前酒《アペリティフ》

日本では多くの人が、ワインは難しい、わからない、面倒くさい、堅苦しいなどの印象を持っているようですが、一方、そうした方々が、日本酒の醸造法や米の品種名、地域別の風味の違いや、法律上のタイプの違いなどを知っているかというと決してそうでもないのです。

たとえば、高級料亭に行って、日本酒の注文をする際に、困ったことがあるでしょうか。同様に、寿司《すし》を食べるのに、魚の旬や種類、オスメスの風味の違いなどを憶《おぼ》える必要性を感じている方がどれだけいるでしょうか、ほとんどいないはずです。

なぜワインに限って、お客さまの側が、「多くのことを憶えておかなくてはいけない」かのような印象を持たれるのでしょうか。

それは、どうやら、ソムリエに多くの責任があるようです。つまり、ソムリエの横柄《おうへい》な態度から、本来アドバイスを受けるべきはずが、ソムリエに見下げられないようにする方法を考えよう、という印象が招いた結果なのでしょう。

フランス料理店に行くと、ソムリエがものものしいユニフォーム姿でテーブルの脇に立ち、「アペリティフはいかがいたしましょうか」と聞きます。

こう聞かれたら、「キール・ロワイヤル（黒すぐり《カシス》のリキュールをシャンパーニュで割ったカクテル）をと憶えておくといいですよ」という忠告どおりに、それを注文する、などという経験はないでしょうか。

こうしたやりとりは、一見、自然で当たり前のように思えますが、このレストランが日本のレストランであればなおさらのこと、ソムリエ側に非があるのです。

まず、日本人同士の会話なのに店側が初めに「アペリティフ」と言うことからして、お客さまの立場に立っていないことの現れなのです。また、お客さまが、その店に食前酒《アペリティフ》として何があって、何が得意なのかもわからないのに、アイテムの説明をまったくしないこともおかしいのです。

もし良いソムリエならば、「お食事の前に何か、お飲み物でもご用意いたしましょうか。たとえば、オリジナルの食前酒としてイチゴを使ったものや、シャンパーニュをそのままグラスで、もしくは、マスカットベースのやや甘めのワインなどもありますが」と聞くでしょう。

フランスで高級レストランに行くと、その多くがすかさず、アペリティフ・メゾン（自家製食前酒《オリジナル》）をすすめます。したがって、九〇％以上のテーブルでそのアペリティフ・メゾンを楽しんでいるのです。誰しも、キール・ロワイヤルが飲みたくて、フランス料理店に行っているのではないのですから。

また、フランス料理店では、ビールを頼んだらいけないのですか、という質問をよく受けます。詳しく聞いてみると、都内のあるフランス料理店に行ってビールを頼んだら、ソムリエが怪訝《けげん》な顔をして「フランス料理店なのでご用意しておりません」と言われた、というのです。

その質問にこうお答えしました。「その店には、二度と行かないほうがよいでしょう」と。つまり、そうした店では敬語は使っているものの、決してお客さまを敬っているのではなく、逆に、お連れの方の前で、お客さまに大きな恥をかかせているのです。

たとえ本当にビールを置いていなかったとしても、良いソムリエならば、「申しわけございません、本日はあいにく在庫を切らしておりまして、代わりに何か別のものは、いかがでしょうか」と答えるべきだと思います。

さらに言えば、日本のレストランでありながら、ビールを置いていないことに問題があるのです。日本は世界第七位のビール生産国です。日本人はビールが大好きなのです。日本で働くソムリエならば、ビールの注文に対して、最もビールをおいしく飲む方法を考えているべきだと思います。それがサービスマンとしてのソムリエの役割なのです。

もし、ソムリエが「アペリティフは、いかがでしょうか」としか言わなかった場合、すかさず「おすすめは？」、もしくは「オリジナルは？」と聞き返すのがよいでしょう。それは海外でも同じです。それに対するソムリエの答えによって、そのソムリエと店のサービスのレベルを、チェックするような気持ちのほうがいいのです。

レストランでは、お客さまのなかの、その日のホストの方が、テーブルの主人なのです。ゲストをもてなしているのは、あくまで主人、つまりホストであり、そのホストはゲストの大切な一時を預かっており、食卓を楽しくする義務があると思います。

ソムリエの役割はホストのアシストにあり、他のギャルソンや料理人たちも同じく、ホストの手足のような立場ともいえるのです。

食事は、食べるための時間ではありません。愉《たの》しむための時間であるべきだと思います。ソムリエを含めて、レストランを愉しく活用してください。

ワインリストをどう見るか

レストランを愉しむうえで、ホストには重要な役割があります。その一つはワインリストのなかから、その席に最もふさわしいワインを一本選び出すこと、そして二つめはそのワインを初めにテイスティングして、品質を確認するホスト・テイスティングです。

まずワインリストですが、これは実にやっかいなものだと思います。フランスワインはフランス語で、ドイツワインはドイツ語で、スペインワインはスペイン語でラベルが書かれており、読んで注文するには、それぞれの国の言葉をある程度、理解しておかねばなりません。

しかし、仮にラベルに書かれた文字が読めたとしても、そのワインがどんな味わいなのかがわからなければ、意味がありません。

ワインリストを見て、それぞれの銘柄の味わいを知るためには、かなり本格的に、また集中的に、ワインの本を読みこんでから、ワインを飲まなくてはなりません。

かといってフランス料理店では「白はシャブリ、赤はジュヴレイ・シャンベルタンの二つを憶えておけばよい」的な発想でも、食事の愉しみをかえって減らしてしまうように思えるのです。なぜなら、ワインは世界中に数百万種類もあるのに、その方は常にこの二アイテムしか味わうことができないのですから。

さらに、品質と価格の関係も不思議です。要はワインリストとは予算に合わせるための価格表《プライスリスト》だと思えばよいのです。

私自身も、初めてのレストランでワインリストを見るときは、まず価格を見ます。それから、その店のレベルに合った価格のワインの品揃えを確認して、最終的には、その店のソムリエに任せることが多いのです。

食事をアレンジメントする際にまず大切なのは、価格、予算ではないでしょうか。料理の予算は、店をリザーヴする段階でおおよそ見当がついているので、次に全体の予算のなかでワイン一本のプライスの占める割合が重要となってきます。

価格の目安は、ワイン一本が料理の一人単価のほぼ八割前後が理想だと思っています。そうすると、仮に二人で一本飲む場合、ワインの値段は、全体の約三割ということになります。

　そこでホストはリストで目安にした価格を、ゲストに見えないようにしてソムリエに、「このくらいのワインで今日の料理に合う白（赤）を一本すすめて下さい」と言うのです。

　これがおもしろいのは、その店のソムリエが、いったい何をすすめるかということです。とくに初めての店の場合、料理の味つけの微妙なところまではわかりません。

　とすると、料理の選択もまた、ワインのコンディションもわかっているソムリエに任せるのがよいと思います。そうすれば、常に新しい出会いも愉しむことができ、そのソムリエの資質までも見ることができるのです。

　それはお寿司屋さんで、にぎりの松竹梅の中から選んで食べるのと一緒です。何が入っているかわからず、単に価格のみで注文しているのですから。

　もし、そこの板前さんが、今日中に捌《さば》いてしまわなければいけないネタだけで握っていたならば、もう二度とその店には行かなければよいのです。お客さまは、店を選ぶという権利を常に持っている強い立場なのですから。

　最近、グラスワインを厳選している店が増えてきています。これは、フランスやアメリカ、イタリアなどでも同様で、少人数で食事をする際に非常に楽しめるサービスです。

初めて利用するレストランでは、このグラスワインを注文してみる方法もあります。そうしてみて、もしその品質とサービスがあまりよくないものだとしたら、その店のソムリエは、あまり能力が高くなく、その店ではあまり上質なワインを注文しないほうがよいでしょう。

また海外でワインを愉しむ際に、パリやローマなどの大都市は別ですが、地方都市に行かれる場合、もし興味があれば、事前に『ミシュラン』などのレストランガイドで、一つ星以上のレストラン紹介を調べておく方法もあります。

紹介欄には必ず、店おすすめのワインが載っており、それはその地方のリーズナブルな価格のワインであることが多いからで、その銘柄をいくつか覚えておくという方法もあります。また、店で直接、ソムリエもしくはスタッフに、その地方ならではのおすすめのワインを聞くのもよいでしょう。

さて、ワイン選びも終わり、ワインセラーからワインが運ばれてきます。

まず、ラベルを見せられるのですが、この時、先ほどすすめられたとおりのワインであるか、また、ヴィンテージ（収穫年号）が間違っていないかをチェックします。収穫年が違うと、味も値段も違うので、リストと同じであるかをチェックします。

次にコルクがテーブルに置かれます。このコルクのワインと接触していた側の香りを嗅《か》ぎ、もしも青カビのような香りがしたら、ワインを味わう時に、より一層の注意が必要となります。

さて、いよいよホスト・テイスティングですが、それは決して難しいものではなく、また特別な作法があるわけでもありません。

何をするためかといいますと、ゲストの方々に、このワインをサービスしてもよいかどうか、ホストが品質のチェックをするのが目的なのです。したがって、色が茶色っぽくなっていたり、香りや味わいに青カビのような風味があったり、不快な印象を感じた場合は、交換を申し出ます。

そうした際に、ソムリエが納得するかどうかにも問題があります。もし「このような味が当然です」というような答えが返ってきた場合、やはり、そのソムリエの資質に問題があり、サービスマンとして失格だと思います。

よいレストランを選ぶには、料理の味だけでなく、サービスも非常に重要だからです。

ワインと料理の相性

結論から先に言いますと、ワインと料理の相性に決まりごとなどない、と言ったほうがよく、最も重要なことは、それを食べ合わせる人の「好み」なのです。

これは当たり前のことなのですが、ことワインとなると、どうしてこだわろうとするのでしょうか。ワインと料理の相性で、ほとんど誰もが知っているのが、赤ワインは肉料理、白ワインは魚料理、そして、赤ワインとチーズとパンの組み合わせです。

それはもちろん間違いではないのですが、ある意味では間違いであるとも言えるのです。つまり、白ワインに合う肉料理もたくさんあり、赤ワインによく合う魚料理も山ほどあるのです。また、チーズには赤ワインより白ワインのほうが合うものが多く、さらに私は、ワインよりも日本酒のほうが、チーズをよりおいしく食べることができる組み合わせをたくさん知っています。

それでは、なぜ赤が肉、白が魚なのでしょうか。まず赤ワインの大きな特徴は、果皮や種子を一緒に仕込むので、これらから渋味成分であるポリフェノール類が、ワインに抽出されます。

このポリフェノール類が肉類に多く含むコレステロールの悪玉化を抑制する効果があることも、「肉に赤」の理由と言えるでしょうが、ワインをたくさん飲むイタリアやフランスでは、そのようなことには無関係のまま、伝統的、習慣的に毎日の食卓に載る肉料理とともに赤ワインが飲まれていました。

赤ワインと肉料理の相性を説明する人の多くが、肉の脂っぽい味を「赤」の渋味が洗い流してくれると言います。

でも、よく考えてみると、肉の脂を流したいと考える人が、脂の多い肉を食べるでしょうか。相性を、持ち味を消し合うことではなく、補い、増幅し合うものという観点から見ますと、脂っぽさを消し去るという発想は、真の相性ではないと思うのです。

では、おいしいと思える相性とは、いったいどのような感覚なのでしょうか。たとえば、ブリの刺し身にグレープフルーツを添えたとします。また、別のブリに、ラズベリーの実を添えたと想像してみてください。

たぶん、ほとんどの方が、グレープフルーツのほうが良さそうだと考えられるでしょう。でも、味覚のみで考えてみると、グレープフルーツもラズベリーも、優しい甘味とさわやかな酸味、そして、余韻の苦味など、共通するところが多いのです。

では、なぜラズベリーと合わないと考えるのでしょうか。それは記憶にあるラズベリーの印象が味覚と同時に、あの赤い視覚的要素と嗅覚《きゅうかく》が働いて、ブリの刺し身のお皿の色に、あの赤は合わない、加えて、ブリの風味にはラズベリーの香りが合わないと直感的に感じるからでしょう。

つまり、味覚だけではなく、視覚と嗅覚も、食べ物の相性では重要な要素なのです。

とすると、肉、とくに牛肉のような赤身肉の香りを想像してみてください。血のような香りが思い浮かびます。そして、その赤身肉にどのような香りが合うのかを考えると、それはスパイスの香りであると考えられるのです。

赤ワインを造る要素である種子は、味覚成分だけではなく、芳香成分も含んでいます。そして、その香りは、まさしくスパイス香なのです。

それでは、同じ肉でも、鶏肉《とりにく》はどうでしょう。鶏の香りには、血のような香りはほとんど感じられません。どこかナッツやクリームに似た印象があります。このナッツやクリームのような風味を引き立てるには、赤ワインのスパイス香では、かえって持ち味を消してしまうでしょう。したがって、クリーミーなフレーバーを持つ白ワインと相性が良くなるのです。

魚、とくに白身の魚も考えてみてください。平目などの淡いミネラル香に対して、赤のスパイス香は難しく、白ワインに感じる柑橘《かんきつ》香のほうが合うでしょう。また、うなぎの蒲《かば》焼《や》きはどうでしょうか。白ワインの柑橘類のようなさわやかな香りよりも、赤ワインのスパイス香のほうが合う気がします。

次に視覚から見てみます。

牛肉のステーキに、フォン・ド・ヴォーソースが添えてあります。そこには、グレープフルーツよりもラズベリーが合う気がしませんでしょうか。でも、平目のグリエにラズベリーの色合いは合いそうになく、グレープフルーツのほうが自然です。

このラズベリーを同系色の実である黒ブドウから造られる赤ワインに、そしてグレープフルーツの色合いを、甘味と酸味のバランスからも、白ワインにたとえてみてください。

自然の色というのは、実にうまくできているものなのです。

赤ワインに感じる黒こしょうやシナモン、ナツメグ、七味唐辛子などを添えたくなるような料理の色を想像してみてください。

いかがでしょうか、ほとんどの方が茶系の濃い料理を想像しているのではないでしょうか。

また、白ワインに多く感じられる柑橘系やリンゴ、ハーブの香りを添えたくなるような料理を想像してみてください。たぶんそれらは、グリーン、イエロー、クリーム色などの料理ではないでしょうか。

このように、素材だけではなく、お皿に盛られた料理の色とワインの色を合わせ、次に香りの組み合わせを想像できるようになると、日常食べているあらゆるジャンルの料理との相性を楽しむことができるのです。

また、塩辛と赤ワインを合わせてみてください。一般的には合わないとされている相性ですが、この合わないという感覚も、ぜひ知ってみるべきです。要は合わないことも、楽しむことが大切なのではないでしょうか。

料理とワインの相性、そこに人との相性が加わって、三者の関係が成立するのです。さて、サンマの塩焼きにはどんな色のワインが合うのでしょうか。

食後酒《デイジエステイフ》

フランスに住んでいた二〇歳の頃。安いバイト代のなかから、コツコツ貯めたお金で二ヵ月に一回くらいの割で、いわゆるビストロと呼ばれる手頃な価格のレストランに食事に行くのが、当時の私の唯一といえる楽しみでした。

憶えたての食前酒を注文し、次にまだ食べたことのない料理を注文し、安い予算のなかから料理に合わせてワインを選び、そしてエスプレッソの後に「シャルトリューズ・ヴェルト、シィル・ヴ・プレ（緑のシャルトリューズを、お願いします）」と言って……。今思うと、なんてキザなヤツという想《おも》いがします。

最後に注文をしたシャルトリューズというのは、フランスの代表的なリキュール。一三〇種類の薬草から造られたアルコール分五五度の緑色（ヴェルト）を帯び、香り高く、豊かな甘味を持った飲み物で、主に食後に楽しむものなのです。黄色（ジョーヌ）の四五度のものもあります。

毎日の生活のなかで、レストランにたまに食事に行くことが楽しみである場合、せっかく来たのだから、できるかぎり、ゆっくりと時間を過ごしたい。その限られた時をよりいっそう楽しく、幸せなものにしたい。そして、なるべく長く居られたら、と思うのではないでしょうか。

レストランで待ち合わせをして、まず食前酒を。その時間は集まった人それぞれの生活や仕事のなかであったことについての話がふくらむ時。人に話し、人の話を聞く。その「交換話」が終わった頃から食事のメニューを見はじめる。そうすると「交換話」から一変して、みなが何を食べようかと、いよいよ「共通話」に移りはじめる。

さらにワインリストから今夜のワインが選ばれ、グラスに注がれると「共通話」は華開く。食事のお皿が変わるたびに、そしてワインのアイテムが変わるたびに会話が弾む。

食事の時間も終わりに近づき、デザートの後のエスプレッソがサービスされる。でも、まだまだ幸せな時を終わらせたくない。

そこでディジェスティフを注文します。幸せの余韻を、より長く持続させるために。このディジェスティフ、日本語では食後酒といいます。つまり食事の後のお酒。でも、これは食事の後という意味であって、決して終わりではありません。そう、第二の時の始まりを告げるお酒でもあるのです。

つまり食事の時間の「共通話」ですっかりうちとけた心の満足感を、さらに確認する時のための大切なお酒なのです。

食後酒ではなく、快楽酒や至福酒のほうが、ふさわしい名前のような気もします。

さて、そのディジェスティフとは、フランス語の「消化の」という形容詞からきている言葉で、こちらもイメージとは違った名前ですが、満腹になった胃の働きを、強いアルコールの力で、より活発にさせるためなのでしょう。

フランスのノルマンディー地方では、昔は、みな大食漢で一回のコース料理に二回の肉料理がサービスされ、その肉料理の間に、リンゴのブランデーであるカルヴァドスが一杯サービスされ、それを一気に飲みほして、二皿目の肉料理を食べはじめるという習慣がありました。ノルマンディーの人は胃に穴が開いているというたとえから、この習慣をトルー・ノルマンと呼ぶようになったのです。

今でもレストランで料理と料理の間にシャーベットが出されることがありますが、これは、その名残といわれています。

したがって、ここではカルヴァドスは食後酒ではなく、食中酒だったのです。中国の白《パイ》酒《チュウ》や沖縄の泡盛も蒸留酒ですが、これらも食中の飲み物といえるでしょう。食中酒イコール、醸造酒（ワイン、日本酒、ビールなど）だけではないわけです。

食後酒の定義を消化ではなく、食事を楽しむためのアイテムのひとつとするならば、少なくとも、その前までの食事やワインの余韻を、まったく消してしまうようなものではなく、逆によりいっそうふくらませるものである必要があるのです。

ワインを食事中、複数本飲む場合、最も大切なルールといえるのは、より味の幅、広がりの大きなタイプに移行していくことと、より香りの複雑で芳醇《ほうじゅん》なタイプへ移っていくことなのです。

なぜなら、その逆の順序で飲むと、性格の強いワインの後では、軽いものの特性が、霞《かす》んでしまうからなのです。

そして、そのことから、食後に飲むお酒は、その前のワインより、とくに香りのより豊かなものが理想といえます。

その代表的なのが、コニャックやアルマニャックなど、ワインを蒸留して長い間、木樽《きだる》で熟成させたもの。コニャックでは、VSOP、ナポレオン、XO、エクストラなどの順で熟成年数のより古いものへ、アルマニャック（コニャックと並んでフランスの地名からきている）では、とくにヴィンテージ（年号付き）がわかりやすく、ワインと異なり、古い年代ほど芳醇な香りを持っています。もちろん値段も高くなっていきますが。

また、カルヴァドスは、ノルマンディー地方のリンゴと洋梨から造られた蒸留酒。そしてワインを醸造した後の絞り滓《かす》を蒸留して造られた個性味のあるブランデーは、フランスではマール、イタリアではグラッパと呼ばれ、一般に手頃な価格で楽しまれています。

女性向きともいえるタイプとしては、フランボワーズ（ラズベリー）やミラベル（黄色いプラム）、ポワール（洋梨）などから造られたホワイトブランデー（オー・ド・ヴィー・ド・フリュイ）があります。

また、コーヒーと共に甘いリキュールがお好みならば、薬草系のシャルトリューズ、ベネディクティン、イタリアのフェルネット・ブランカ、またオレンジとコニャックで造ったグラン・マルニエなども食後に向いているでしょう。

食後のひと時、至福の余韻をお楽しみください。

シャンパーニュ

昔はシャンパン＝結婚式。

今はシャンパン＝ドンペリ＝銀座＝高い、という図式が成り立つそのシャンパン。正しくはシャンパーニュと呼びます。したがって、パリのレストランで「シャンパン、シャンパン」と言ってもわかってはくれますが、よい印象ではありません。高級レストランで「ドンペリ」と言えばよい的な日本人男性が多いと、パリの友人のソムリエたちが話していました。

なぜなら、ドンペリも本当は、キュヴェ・ドン・ペリニョンなのですから。日本人は長い単語を、四文字に略すのが得意なのです。

ところで、そのシャンパーニュ。泡があるお酒というのは、わかっていても、元はワインであったことを知らない人も多いのです。

まず、シャンパーニュとは、パリからほぼ東に一五〇キロほどのところに広がる地方の名称です。したがって、フランスのこのシャンパーニュ地方で造られた泡のあるワイン以外は、他の地方で同じようにして造られた発泡性《スパークリング》ワインも、シャンパーニュと呼ぶことはできません。

ちなみにブルゴーニュでは、クレマン・ド・ブルゴーニュ、アルザスではクレマン・ダルザス、ロワールではクレマン・ド・ロワールと言います。

もちろん、他の国々でもスパークリングワインは造られており、それぞれ別々の名称で呼ばれているのです。イタリアでは、スプマンテ、ドイツではゼクト、スペインではカヴァなどと言います。

シャンパーニュは、まずベースのワイン造りから行われます。

シャンパーニュ地方は、フランスのワイン産地でも、アルザスと並んで最北に位置し、冷涼で、ヴォージュ山脈の東側にあるアルザスと異なり、雨も比較的多いのです。したがって、毎年コンスタントに良質のブドウが収穫されるとは限りません。

そこである僧侶《そうりょ》が考えました。異なる品種、異なる畑、異なる樹齢のブドウをブレンドすることによって、できる限り質の安定したワインを造ろうと。その僧侶が、ドン・ピエール・ペリニョンなのです。

このアッサンブラージュ（調合）こそが、シャンパーニュを世界最高の飲み物に仕立てる最大の要素となったのです。

現在、シャンパーニュでは、黒ブドウであるピノ・ノワール種、ピノ・ムニエ種、そして白ブドウのシャルドネ種の三品種のみから造られています。

シャンパーニュでは、この黒ブドウを収穫後ただちにプレスし、その果汁のみを使うことによって、白ワインを造ってベースにしているのです。ただし、ロゼ・シャンパーニュは例外です。

また、シャンパーニュ地方では、早くから畑（村単位）に等級付けが行われ、最上の畑（村）を一〇〇％と、％で表示し、以下九九―八〇％まで細分化されています。

これらの畑の格や位置の違い、そしてブドウの品種の違いによって、別々に醸造され、ブドウ果汁中の糖分が、酵母によってアルコールと炭酸ガスに変わる第一次発酵が行われ、いくつものタイプのベースのワインができるわけです。

さらに、年ごとの品質の違いをできるだけなくすために、一部をワインのままストックしておきます。これをリザーヴ・ワイン（ヴァン・ド・レゼルヴ）といいます。

そして、これらのワインを調合《アッサンブラージュ》します。こうしてそれぞれのメーカーで、特色あるシャンパーニュのためのベースとなるワインができるのです。

このベースのワインは、大きなタンクに集められ、そしてシャンパーニュになるための工程が始まります。

このベースのワインのなかに、リキュール・ド・ティラージュと呼ぶ計算された量（通常調合後一リットル中に二四―二五グラム）の蔗糖《しょとう》と酵母を合わせたワインを加え、すぐにボトルに詰められます。

そして、ボトルは横に寝かされ、年間を通して室温が一〇―一二度と安定したカーヴのなかに運ばれます。

すると、このボトルのなかで糖分が酵母によって発酵し、この第二次発酵によって、さらにアルコールと炭酸ガスが造られますが、今度は、ボトルのなかですから、ガスは外に逃げられずに、ワインのなかに溶け込んでしまいます。そして、一リットル当たり二四―二五グラムの糖分は、約一・五度のアルコールと、約六気圧の炭酸を生み出すのです。

さらにシャンパーニュでは、この二次発酵を終えた後も、長くボトルのなかで熟成が行われます。この熟成によって、役目を終えた酵母のオリが変化したアミノ酸などがワインのなかに溶け出して、ワインに深みを与えつつ、熟成による複雑性と相まって、あの素晴らしい飲み物となるのです。

シャンパーニュには、こうして、複数年のワインを調合して造られ、いつも変わらぬ風味を持った、いわば各メーカーの顔ともいえるブリュット（辛口）・ノンヴィンテージ（年号なし）といわれるタイプと、良い年に造られる、単一年のみのワインを使ったヴィンテージ・シャンパーニュができるのです。

また、白ブドウのみで造った繊細なブラン・ド・ブラン。そして、最もすぐれたブドウを使って造られるプレステージ・シャンパーニュなどのカテゴリーが各メーカーにあり、このブラン・ド・ブラン以外のカテゴリーには白のほかにロゼも含まれます。

このような手間暇をかけて造られるシャンパーニュ、その泡、その風味。

シャンパーニュは楽しい時に飲むものであり、また、栓を開けるだけで楽しくさせてくれる唯一の飲み物といえるのではないでしょうか。

生ガキとボルドーの白ワイン

以前にこんなことがありました。東京のホテルで開かれたあるパーティでのことです。一時間ほどの立食パーティで、食事には、和洋さまざまな料理、そして飲み物には、ウイスキーの水割りがあり、慣習的に、丸いテーブル上には、ビールとビールコップが置かれていました。

四〇〇人ほど入った会場の一角にはワインのコーナーが設けられて、赤白のワインが用意され、いよいよパーティのスタートです。

まず、テーブル上のビールを手に取る人が多いだろうと思っていたら、〝とりあえずビール〟をパスし、ワインコーナーに続々と人が集まり、ほとんどの人が赤ワインを手にしはじめたのです。会場内にいたコンパニオンの女性たちも、みな赤ワインを手に忙しそうにしていました。

そのコーナーを見ていると、五〇人に一人ぐらいの割で、白ワインを手に取る人がいます。しかし、その人たちはソムリエに向かって何だかすまなそうな顔で「白ワインでもいいですか」と言っていたのです。

用意してあった赤ワインは、二〇分ほどでなくなり、後に残ったのは、白ワインのボトルのみ。そのなかには、かなり高価な銘柄も含まれていたようでした。

これが、赤ワインが大流行していた時代のエピソードです。それはソムリエをしている私にとってもうれしいことでしたが、体に良いという理由だけで飲まれるのは、何かさみしい気がしていました。コレステロール対策であれば、緑茶やコーヒーにも赤ワインと同じくポリフェノールが含まれています。

また、オリーヴオイルやグレープシードオイルに含まれるオレイン酸も、悪玉コレステロールには効果的だと聞いています。緑茶のポリフェノール含有量は、赤ワインより少ないとはいっても、緑茶やコーヒーは、いつでも飲むことができるのですから。

日本では食べることや食べ物について、よく「体に良いから」とか「健康に良い」または、「栄養が豊富だから」と言って人に勧めます。

今の時代、健康であってこそ、日々の生活の楽しみを考えられるのでしょう。ですが、健康に気を使うあまり、楽しみが欠けてしまっては、何のための人生なのかということもいえるような気がします。

食べることや食べ物で大切なのは、まず、おいしいということと、次に楽しむことがあるべきで、楽しく食事をできることが、最も健康でいられることではないかとも思えるのです。

話が脇道にそれましたが、その体に良い赤ワインのなかで、当時、最も注目を浴びていたのが、ポリフェノールが多いとされているボルドーの赤ワイン（実際には、世界中には、ボルドーの赤よりポリフェノール含有量の多い赤はたくさんあります）で、そのことから、九六年あたりからボルドーの銘醸赤ワインが、異常といえるほどの値上がりをしてきました。

しかし、そのボルドーでは、なかなか素晴らしい辛口白ワインも造られているのです。

とくに上質のものは、ラベルに、Pessac-Léognan《ペサック・レオニャン》とあるもので、Château Haut-Brion《シャトー・オー・ブリオン》、Château Laville-Haut-Brion《シャトー・ラヴィユ・オー・ブリオン》、Domaine de Chevalier《ドメーヌ・ド・シュヴァリエ》、などの銘柄を筆頭に、Château《シャトー・》 de Fieuzal《ド・フィウーザル》、Château Carbonnieux《シャトー・カルボニュー》、Château La Louvière《シャトー・ラ・ルーヴィエール》、Château Smith Haut-Lafitte《シャトー・スミス・オー・ラフィット》などの上質な白が目白押しです。

これらの辛口白ワインは、八〇年代に入ってから、醸造スタイルに、大きな変化があり、ほぼすべてのシャトーでは、オーク材の新しい小樽（二二五リットル）内で、発酵および熟成が行われ、発酵によって生ずる酵母のオリとワインとを、長い間接触させたままにしておくようになりました。

そのことで、ワインにふくらみが生まれ、木樽から、ビスケットやブリオッシュのような香ばしい香りがワインの持つ果実の香りと調和し、より芳醇な印象を与えられているのです。

ペサック・レオニャンの南にひろがる地区はGraves《グラーヴ》とラベルに書かれる地区で、ペサック・レオニャンも八五年ものまでは、このグラーヴに含まれていました。

今では、このグラーヴ地区の辛口白ワインも大半が、先ほどの小樽醸造によって造られています。ただし、価格的に、より手頃で、味わいもより軽快なタイプとなっています。

ボルドーというと、その名だけで、値段の高いものを想像しますが、ボルドーでは、安価で良質な、赤白ワインも多く造られています。

辛口の白ワインが造られるのは、ボルドーに流れるガロンヌ河とドルドーニュ河の間に挟まれた地区であり、その地名がふたつの（deux《ドゥー》）海（mers《メール》）の間（entre《アントル》）であるところから、そのワインはアントル・ドゥー・メールという名前で呼ばれています。

ボルドーの白ワインは、主に、まろやかさを与えるセミヨン種とさわやかさを与えるソーヴィニョン種の二種類のブドウから造られています。

このアントル・ドゥー・メールでは、主にソーヴィニョン種を使い、非常にさわやかで、ミネラルの風味を感じる辛口の白が生まれます。このワインは土地の人たちからアントル・ドゥー・ズュイットル、つまりふたつのカキ（ユイットル）の間、とも呼ばれているのです。

ボルドー市のすぐ西の大西洋岸にあるアルカションは、カキの養殖でも有名なところで、一年中生ガキが食べられます。

ボルドー市内にたくさんある生ガキを食べさせる店では、ソーセージ（Saucisson《ソーシッソン》）のグリエを生ガキと一緒に食べる人が多くみられます。この相性が、ワインとの相性をさらに良くし、白ワインはもとより、赤ワイン好きの人にも、生ガキと楽しめる特有の食べ方です。

ボルドーをおとずれたときには、ぜひ一度試していただきたいと思います。

ブフ・ブルギニョンとブルゴーニュワイン

今から三〇年ほど前、私は当時一九歳、生まれて初めて飛行機に乗っての旅行。当然ながら海外旅行も初めてであり、その地がフランスでした。

出発前に十分予習を重ねて、南回りで三十数時間後にようやくパリの飛行場に到着。シャンゼリゼやエッフェル塔には目もくれず、バスとメトロを乗り継いでパリにいくつかある始発駅のひとつ、リヨン駅にたどり着き、旅行会話集で覚えた情けないほどたどたどしいフランス語で「ディジョンまで切符を一枚」。それに忘れてはならない「に、に、二等で」を付け加えて切符を手にし、何人もの人にその切符を見せながら、やっとの思いで目的地に向かう汽車に乗り込みました。

ホッとしたのも束の間、乗り過ごさないようにせねばなりません。周りに座っていた人たちに何度も切符を見せておくことを思いつきました。その結果、何を言っているかわからないアナウンスしか流れない車内で、目的のディジョンの直前に、周りじゅうの人が「次だ、次だ」と知らせてくれたおかげで、何とか無事にディジョンに到着。

そう。このディジョン市こそ、フランスワインのなかでもとくに品質の高さを認められているブルゴーニュ地方の中心、コート・ドール県の県庁所在地にあたる街なのです。

つまり、長い前置きで言いたかったのは、初めての海外旅行の最初の宿泊地がブルゴーニュだったということなのです。

それ以来、数十回も旅したブルゴーニュ地方。「何故？」、それは、もちろんワインが目的であることは確かですが、おいしいブルゴーニュのワインを飲むだけであれば、日本にいても十分に可能です。ある意味では、ブルゴーニュのなかでもとりわけメジャーな生産者（ドメーヌやネゴシアン・エルヴールと呼ぶ）のものなどは、日本のほうが入手しやすいともいえます。

それよりも「行きたい」と思う一番の理由は、ブルゴーニュ地方の風土そのものにあり、とくに人と料理が好きだからなのです。

でも、その話の前に、ブルゴーニュのワインについて少々。ブルゴーニュという名前は、日本でもポピュラーです。ただ、それがかなり広い範囲の地方名であることを知っている人は、レストランなどでグラスを持ちながらグルグルとワインを回し、香りを嗅いで、「カシスと枯葉の香りがする」などと言っている一部の人たちであって、一般には知られていないでしょう。それを踏まえて話を進めます。

そのブルゴーニュ地方は南北に長い地域です。パリから南東に一五〇キロほど下った、かの有名なシャブリ地区を起点に、さらに一五〇キロほど進むとディジョン市があります。そこから南に六〇―七〇キロの間が、コート・ドール（黄金の斜面）と呼ばれ、県名にもなっている地区で、その細長い地域には、あのロマネ・コンティやシャンベルタン、コルトンといった数万円、いや数十万円もするようなワインを産む畑が連なっているのです。

そのコート・ドールをそのまま南下し、シャロネーズ地区、プイィ・フュィッセやマコンなどの白で有名なマコネ地区、さらに、あのボージョレ・ヌーヴォー（新酒）を造るボージョレ地区もあり、そこまでがブルゴーニュ地方と呼ばれています。

したがって「とりあえずシャブリを覚えておけば」のシャブリも、世界で最も早く飲むことのできる国が日本ということで、信じられないほどのブームとなったヌーヴォーのボージョレも、ブルゴーニュ地方の一部なのです。

そして、世界のワイン愛好家が、一度は飲んでみたいワインのナンバーワンで、それを飲まなくしてワイン愛好家ではないと、自称愛好家たちの間で言われているヴォーヌ・ロマネ村のロマネ・コンティも、すべてブルゴーニュに属しているのです。

ここブルゴーニュ地方には、ワイン法（原産地管理呼称法＝AOC）によって、フランスで最も細分化された区割り基準が設けられています。

それは畑の斜角、向き、土壌や微小気候《マイクロクライメット》の違いなどによって、リュー・ディという小区割に分け、それらを、クリマと呼ぶ単位にして集合されたり、単一で残されたりして、それぞれに畑名が付けられています。そのクリマごとに、その畑から生産されたワインが、特級畑《グラン・クリュ》として認められたもの（ロマネ・コンティやシャンベルタン、ラ・ターシュ、コルトン、モンラッシェなど）は、そのクリマ名のみがラベルに記されます。

さらに一級畑《プルミエ・クリュ》と認められた場合には、その所在地の村の名に畑名を加えて、プルミエ・クリュと記し、その次のランクはヴィラージュ（村）ものとして、村の名（ジュヴレイ・シャンベルタンやヴォーヌ・ロマネ、アロース・コルトン、ピュリニー・モンラッシェなど）が書かれ、さらにその下にあたるランクとなった畑のものは、ブルゴーニュ、さらにブルゴーニュ・オルディネールとなっているのです。

ブルゴーニュのワインを、非常に奥深いものにしている理由のひとつに、赤用のピノ・

ノワール、白用のシャルドネというふたつの代表的なブドウ品種が単体で使われているのに、わずか数メートルしか離れていないクリマのワインでも、風味がかなり異なっていることが挙げられます。また同じクリマでも、数多くの所有者が分割所有しており、それぞれに個性がある点も加わっているのです。

さて、ブルゴーニュの地方料理には、あのエスカルゴがあり、また、雄鶏《おんどり》を赤ワインで煮たコッコー・ヴァン、そしてシャロレー種の牛もブルゴーニュ産が有名で、その肉を煮込んだブフ・ブルギニョンとブルゴーニュのワインの絶妙なバランスは、日本ではなかなか味わうことができないと思います。

また、高級料理ではありませんが、ブルゴーニュの人たちが大好きな料理に、ハムをパセリ風味のゼリー寄せにしたジャンボン・ペルシエ、そしてポーチド・エッグを赤ワインソースで煮たウー・アン・ムレットがあり、これらの料理は、毎回、必ず食べておきたいと思っているものです。

そして、何より、ブルギニョン（ブルゴーニュの人）たちの、一度受け入れたなら、どこまでも相手を信頼し、まるで家族のような間柄となりえる気質が、回を重ねるごとに強く感じられます。それが今の私にとって、この地方の最大の魅力なのです。

アルザス料理とワイン

いま、もしフランスで一日だけ自由な時間があって、どこに行きたいかと聞かれたら、たぶん、真っ先にアルザス地方と答えるでしょう。

とくに、アルザス地方南部のコルマール市の周辺に点在するリクヴィールや、リボーヴィレ、エギスハイム、カイザースベルグといった小さな町を訪ねてみたい。こうした町には色とりどりの漆喰《しっくい》でつくられた伝統的な木造の家並みが残されています。屋根にはコウノトリの巣のある家が多く、季節になるとコウノトリが棲《す》みつくような、実にのどかで、メルヘンチックなところなのです。

そうした町で石畳の上に椅子を持ち出し、家並みの間に広がる青空を眺めながら、アルザス特産のビールのジョッキを片手に、キャベツの塩漬け（シュークルート）とソーセージを食べながら、のんびりと過ごしたいなどと考えてしまいます。

実のところフランスに行くと毎日、文字どおりのワイン漬け。朝早くから夜遅くまで、ワインをテイスティングするか、ワインの話をしていることが多く、それゆえにアルザスでのビールの一杯と、それをよりおいしく味わえる空間を想像してしまうのかもしれません。

そのアルザス地方には、ビールのほかに、まだまだ素晴らしいものがあります。たとえば、マンステールを代表とするチーズ。フランス南西部のランド地方と並んで評価の高いストラスブール産のフォワ・グラ。そして木イチゴや洋梨、ミラベル（西洋プラム）、チェリー、プラムなどのさまざまなフルーツから造られるホワイト・ブランデー（オー・ド・ヴィー・ド・フリュイ）なども世界中に輸出されています。もちろん、ワインの品質の高さも認められていることは、いうまでもありません。

アルザス地方はパリの東、約四〇〇キロほどに位置し、ドイツと国境を接しています。シャンパーニュ地方と並び、フランス北部にあるワイン産地なのです。その緯度はほぼロシアのサハリン南部に相当し、位置から想像するとずいぶん寒い地域に思えます。

しかし、以前、「アルザスの青い空」というテレビドラマがありましたが、アルザスで良いワインが産まれるための最大の条件が、この青い空の広がる日が多いことなのです。

つまり、フランスのなかでも、一、二を争うほど日照量が多く、雨が少ないことによって、ブドウの実は大きくなりすぎずに十分に成熟し、そのブドウから濃縮感のある果実味豊かなワインが造られるのです。

アルザスのブドウ畑は、西側に南北に連なるヴォージュ山脈のふもとに、同じく南北に細長く広がっています。そのため畑のほとんどが、東から南に向いた斜面にあり、水はけがよく、光合成も十分に行われます。

また栽培可能なブドウ品種にも幅があることが、アルザスワインの特徴を形づくっているのです。そのため、アルザスのワインはフランスでは珍しく、以前からラベルに品種名が記されています。

そのなかで、バラやライチの芳香が、華やかで力強いゲヴュルツトラミネール種や、豊かなボリューム感を感じるピノ・グリ種などからも上質な白ワインが造られますが、ドイツを原産とするリースリング種もそのひとつといえるでしょう。

最高級のドイツワインといえば、やはりこのリースリング種から造られたものとなります。ですが、アルザスと違うのは、ドイツではトロッケンベーレンアウスレーゼと呼ぶカテゴリーのものが最高で、これは一〇〇%貴腐《きふ》ブドウから造られる極甘口のワインであることです。アルザスでもセレクション・ド・グラン・ノーブルと呼ぶ、同タイプのワインが造られていますが、リースリング種から造られる辛口で力強い白ワインも、実に素晴らしいものです。

いまから一五年ほど前、コルマール近郊のイルハウゼンという村にある「オーベルジュ・ド・リル」という三つ星レストランに行ったときのことです。十数人で食卓を囲み、ワインを選んでいると、数多くのワイン、とくにアルザスの銘酒が並ぶワインリストのなかで、すぐに目についたのが、リースリング種のクロ・サン・テューヌの一九六一年産のマグナムボトル（通常の二本分）でした。

クロ・サン・テューヌは特別の年以外は通常辛口タイプで、多くの人からアルザス最高、場合によっては、リースリング種から造られる世界最高峰の辛口ワインと称されている銘柄です。その六一年産がどのようになっているか興味があり、注文することにしました。

そのグラスに注がれたワインを見ると三〇年近くも経っているのに、まだまだ若い色調で、香りには特有のミネラルの香りがはっきりと感じられ、酸化が進みすぎた印象はまったくありません。

リースリング種の特徴である個性的な香りは、分析的な表現では、重油香的ミネラル香といわれ、ある種、菩提樹《ぼだいじゅ》の白い花やカモミールの花の香りのようなニュアンスを感じます。

そしてリースリング種で造られたワインの特徴は、余韻の非常に長い酸味をしっかりと持っていることで、この酸がワインに長い命を与えています。したがって、上質のリースリング種のワインは、最低でも一〇年以上経過したもののほうが、本来の良さを感じることができるのです。

ワインリストのなかに、辛口のリースリング種で一〇年以上熟成したボトルを見つけたら、迷わずオーダーしてみてください。アルザスで有名なカエル料理などによく合います。

パスタ料理とイタリアワイン

イタリア料理といえば何といっても、その代表はパスタ。肉や魚を食べたいから、ぜひともイタリア料理店に行こうと考える人は、日本では少ない気がします。もちろん、イタリアにはフランス料理のベースともなった、素晴らしい野菜、魚、肉、そしてチーズなどを使った料理の数々があり、また地方色もきわめて豊かです。

しかし、麺《めん》類好きの日本人にとって、イタリア料理の第一の目的がパスタにあることは、イタリア帰りのシェフたちが何と言おうと、否めない確たる事実なのです。

日本人である私が、世界中を旅行していて、同じ国で毎日食べられる料理は、中国料理とこのイタリア料理だけ。もちろん日本料理も含めて、この三国の料理に共通しているのは、ともに麺の種類が非常に豊富であるということなのです。

イタリアに麺料理が伝わったのは、ギリシャからという説も細々と残ってはいますが、今ではマルコ・ポーロによって、中国から伝わったということが定説になっています。つまり日本の麺も含めて、その起源は同じ中国だというのです。

さらに、イタリアには古代ローマからあるというイワシで作ったガルムと呼ぶ魚醤《ぎょしょう》もあり、アンチョビにしてもどこか塩辛と通ずるものがあります。またイカスミなども東洋的ではないでしょうか。いずれにしても、日本人はパスタやリゾットが大好きなのです。

そこで、パスタとワインの相性について最も簡単な考え方に触れてみます。

パスタの形状は実に豊かです。スパゲティの太さの違いから、手打ちのタリアテッレ(平らな麺)、穴のあいたブカティーニ、平たい乾麺のリングイネなどのロングパスタ。そして、マカロニやペン先の形をしたペンネ。ねじれた形のフジッリ、蝶《ちょう》の形のファルファッレや貝形のコンキリエなどのショートパスタと呼ばれるものなどがあります。

麺に他の香りを打ち込んだものは別にして、パスタの形による直接的な味覚の違いよりも、ソースとの絡み具合や、口の中に残る時間などによって、たとえソースが同じでも料理そのものの感じ方が変わってくるのです。逆にソースのタイプによって、最もよく合うパスタの型が選ばれるという言い方もできるでしょう。

したがって、パスタの味で大きな要素はソースのタイプであるといえます。ペペロンチーノのようなオリーヴオイルをベースとしたパスタ色のシンプルなもの、ジェノヴェーゼのバジリコのようにハーブをたくさん使って緑色をしたもの、カルボナーラのように生卵や生クリームを使ったものや、チーズを使ったクリーム色のもの、トマト風味のオレンジ色から完熟トマト色のソース、ボロネーゼ（ミートソース）のような、ブラウン色のタイプ、そしてイカスミの黒など実にカラフルです。

そして、それぞれのパスタにワインを合わせるには、自己流でいいのですが、料理の色にワインの色を合わせればよいのです。

つまりパスタ色やグリーンのものは、グリーンがかった色調のガヴィやソアヴェ、コッリオのソーヴィニョンといったさわやかな辛口の白。クリーミーなパスタには、やや黄色の濃い、よりふくよかなワインのポミーノやヴェルナッチャ・ディ・サン・ジミニャーノや、シャルドネ種を使ったＩＧＴ（地理的表示）クラスのワインなど。

また、パスタの代表、トマトを使ったパスタには、カステル・デル・モンテやバルドリーノのロゼを合わせるか、バルベーラ、キャンティ、バルドリーノ、ヴァルポリツェラなどのやや明るい色をした赤ワインを合わせます。またボロネーゼのようなブラウン系ソースには、もう少し濃い色の赤、たとえばドルチェット、キャンティ・クラシコなどのように考えると簡単です。

実際、さわやかなワインにはハーブの香り、濃いロゼや軽い赤にはドライトマトのようなフレーバーが、そして濃いめの赤には、スパイスの香りがあり、ソースの風味を引き立てるのです。

ただし、例外は真っ黒なイカスミパスタ。黒だからと最も濃い色の力強い赤ワインでは、イカスミの風味が消えてしまうか、逆に悪い印象の香りが目立ってしまうこともあるので、やや軽めの赤が適するようです。

とはいえ、イタリアの人たちを見ていると、そんなことはお構いなしに、どんな時、どんなパスタでも赤ワインを飲んでいるようです。

つまり両方の味を習慣的に知っているのならば、それぞれ食べたいものを、飲みたいワインを選ぶのが最適なのです。日本でも、食べるそばの違いで日本酒を飲み分けている人は、きわめて少ないのですから。

最後にイタリアワイン全般について少々。イタリアは北から南まで、すべての州でワインが造られています。その生産量は世界一（年によりフランスが第一位に）、そして一人当たりの消費量も世界第一位なのです。

イタリアのワイン法では、上質ワインに対してDOCGとDOCと略す、フランスのAOC（原産地管理呼称法）に則った地域名称ワインがあるのですが、法的には日常ワインとなるVino da Tavola《ヴィノ ダ ターヴォラ》やIGT（地理的表示ワイン）のクラスにもDOCGを超す高価なワインが少なくないのです。これらは、DOCの規定以外のブドウ品種を使うことなどによって、ヴィノ・ダ・ターヴォラとして売られているもので、いわゆるブランド名で売るブランドワインなのです。

伝統的なイタリアワインには、気軽に陽気にガブガブと飲むタイプと、特別な時にじっくりと味わうタイプがあります。前者は早いうちにビン詰めされて飲む目的のもので、後者はより優れたワインを選び、木樽のなかでじっくりと熟成させ、さらにボトル内での熟成を経て、消費者の元に届けられるもので、伝統的にはラベルにRiserva《リゼルヴァ》の文字を見ることができます。

つまり、買ってからボトルで熟成させるフランスのスタイルと異なっているということなのですが、最近では、そうしたタイプも多く見られるようになっています。

いずれにせよ、食べて飲んでそして歌うことの何より好きなイタリア人たちと同じように食事を愉しむためには、ワイングラスをグルグル回して、しかめっ面しながらワインを飲むことだけはやめにしましょう。

ソーセージとドイツワイン

一九九七年に、輸入ワインのなかで、トップのフランスワインに次いで、ずいぶん長い間、二位の座をキープし続けていたドイツワインの輸入量が、イタリアワインに抜かれたと発表されました。

イタリアレストランの数が急増したこともあるでしょうが、近年の赤ワインブーム以降、白を中心としたドイツワインの重要な消費先である家庭で、赤ワインから始める人が増えたために、ドイツワインの消費量は決して大きく減っていないのに、イタリアワインの伸び率の高さに及ばなかったのでしょう。

つい数年ほど前まで、赤ワインなど口にしたこともなかった自称ワイン通が、ドイツワインのように甘いワインは、初心者向けとか、女性向けと言い切っているのをよく聞くのですが、まったくもってとんでもない話です。

まず第一に、ワイン好きに初心者も中級者も上級者もないのです。そもそもワインを飲むのに、入門者とか初心者などという言葉が使われるのは、自称上級者たちがいるからではないでしょうか。言い換えると、彼ら自称上級者たちの話や行動によって、今まで多くの人たちがワインを飲むことに、ある種の嫌悪感を抱いていたともいえるのではないでしょうか。

次にドイツワインを単に甘いワインと一言で片づけてしまい、かつ甘いワイン、イコール女性向けと決めつけるような考え方が、そもそもワインを愉しんでいる人の意見とは思えません。

ドイツワインを甘くて飲みやすいと思っている人は多いはずです。たしかにある面では、その通りだと思います。

ですが、甘いことと飲みやすさはイコールではありません。なぜなら、砂糖のみを溶かした水は、決して飲みやすくはないからです。しかし、その砂糖水にレモン汁を少量加えると一変して、快適で飲みやすいものとなるでしょう。

つまり、日本に輸入されているドイツのワインの多くは、ブドウからの自然な甘味と、さわやかな酸味が調和し、そのバランスの良さが飲みやすさにつながっているのであって、ほとんど何の味覚も感覚も与えないミネラルウォーターの飲みやすさとは、わけが違います し、単に甘いからだけでもないのです。

この飲みやすさの特徴は、ドイツの気候風土ならではのものであって、このことからもドイツワインは無個性ではなく、反対に非常に個性的であるといえます。つまり、ドイツならではのワインなのです。

ドイツのワイン産地は、北半球の北限近くに位置しています。そのため、醸造用ブドウの成育条件としては、決して恵まれているとはいえない面も多々あります。

しかし、そのことが逆に、たとえば、ブドウの成長が他の地域より遅いために、果汁のなかに酸がより多く残り、ワインにフレッシュな印象を与えること。それと、ドイツのワイン造りに最も重要な収穫時期の決定、つまり遅摘みや、貴腐の発生の要因ともなっているのです。

ドイツワインの品質を判断するうえで大切なポイントとなるのが、地区や品種ごとに規定された収穫時の最低糖度です。

つまり、同じ土地の同じ品種で造られるワインが、収穫時の糖度によって日常消費用ワイン（ターフェル・ヴァイン）となるか、上質指定ワインとなるかが決まるのです。さらに、上質ワインのなかでも、さらに細かく分けられ、Qualitätswein《クアリテーツヴァイン》、Kabinett《カビネット》、Spätlese《シュペートレーゼ》、Auslese《アウスレーゼ》、Beerenauslese《ベーレンアウスレーゼ》、Trockenbeerenauslese《トロッケンベーレンアウスレーゼ》の順に糖度が高くなります。

とくにトロッケンベーレンアウスレーゼは、貴腐になった顆粒《かりゅう》、つまり、遅摘みと霧の作用によって、ボトリティス・シネレア菌というカビが果皮に付着。そのため微小な穴から水分のみが蒸発してエキスが濃縮され、ちょうど灰色のカビに包まれた干しブドウのようになったものを、粒単位で収穫してワインに仕立てられたもので、一本一〇万円を超すようなものも珍しくありません。

ただし、もともとブドウの成育には厳しい土地柄だけに、アウスレーゼ以上のものが造られるのは全体の一％にも満たず、大変稀少《きしょう》なものなのです。

そのために通常は、シュペートレーゼ以下のものが多く出回っていますが、それらもまたドイツならではの特徴を持っているのです。なぜなら、シュペートレーゼといっても、他のより温暖な国々のブドウの糖度からすると、いわゆる完熟には達していません。したがって、より一層酸味が多く果汁に含まれ、その果汁にある糖分をすべて発酵させて、辛口のワインを造ると、非常に酸味の強いワインとなってしまうのです。

そこでドイツでは、ふたつの方法によって甘味をワインのなかに残しています。

ひとつは、発酵を途中で止めて糖分を残す方法、もうひとつは、同じ畑からとれたブドウのジュースを発酵させずに保管しておき、後でワインと合わせることで甘味を与える方法で、より糖度の低い果汁のものには、後者の方法がとられます。いずれの方法でも、結果的にアルコール分の低い甘味と酸味のバランスのとれたワインとなるのです。

ドイツワインのラベルには、収穫時の糖度による等級を示す表記がなされており、また、Trocken《トロッケン》、もしくはHalbtrocken《ハルプトロッケン》、そして二〇〇〇年からはセレクションやクラシックと付記されたものが、辛口もしくは半辛口ということになっており、ドイツ国内ではこの辛口タイプの方が多く消費されています。

また、こうした厳しい条件下で育つブドウの種類も限られることから、ドイツには人工交配種が多く、Muller-Thurgau《ミューラー・トルガウ》などが代表です。またそうでない品種の代表的なものに、Riseling《リースリング》種があり、他の場合も一般に、ラベルに品種名が記されています。

このような冷涼な気候のなかで育ったもうひとつの産物として忘れてならないのが、保存食としてのソーセージ、それにソーセージには欠かせないキャベツを塩漬けにし、古漬けになったザウアークラウトのコンビネーションではないでしょうか。

ドイツの気候風土ならではの味わいを、いまいちど確認してみてはいかがでしょうか。

甘味というのは本来、すべての動物にとって最も快適な味わいなのですから。

アメリカ料理とカリフォルニアワイン

アメリカの料理は、おいしくないと信じている人が今でも多いようです。たとえば「牛肉はぞうりのように硬かった」などと言う人がいますが、それは、よほど質の悪い肉だったのでしょう。

しかし、料理のニューウェーブはニューヨークから発信される場合が多く、また、気候風土に恵まれたカリフォルニアから生まれる、カリフォルニア・キュイジーヌ（料理）のクリエイティブかつヘルシーで、素材の持ち味を十分に引き出した料理の数々は、実に楽しめるものが多いのです。

そのカリフォルニアでは、多くの野菜を二期作することができます。しかも個性がしっかりと感じられる風味を持ったものが多く、料理によく使われるハーブ類も実に香りが強く、はっきりとしたものが多いのです。

また、広々とした土地で自然の恵みをいっぱいに受けた牧草を食べて育てられた仔羊《こひつじ》や仔牛、それに鶏や豚なども、ジューシーで旨味《うまみ》をいっぱいに感じられる肉質を備えています。

ただ、レストランのクオリティーによっては、肉の焼き方が日本のステーキハウスのように常に注文通り正確であるとは、決して言えない場合もあります。ミディアムと注文したのに、実際にはウエルダンになっていたり、レアと頼んだのに、ほとんど火が通っていたりするので、日本のイメージからすると、肉がよけいに硬く感じられることもあります。

また、日本では多くの人が、こと肉に関しては、味そのものよりも、柔らかさこそ品質の良し悪しに通じると思っています。ところが、肉を主食としている他のほとんどの国では、人々は柔らかさではなくジューシーな旨味に質の良さを感じ、肉はある程度しっかりとした歯ごたえがあるほうが良いと思っているのです。

カリフォルニアというと、もちろんワインの有名な産地。野菜や果物が豊富であるように、カリフォルニアはブドウにとっても、非常に恵まれた土地なのです。

とくに、春先に芽を出し、秋に収穫する醸造用のブドウにとって、四月から一〇月までの間、まったくといってよいほど雨が降らないカリフォルニアは、天国のようなところなのです。こうした乾燥した畑に、灌漑《かんがい》により最低限の水分を与えることで作柄を安定させ、年による品質の差をフランスなどに比べ、きわめて小さく抑えています。

その恵まれた日照量に加え、ブドウの甘味と酸味のバランスの良さに大切な、昼夜の寒暖の差が、太平洋に流れる水温の低い寒流、カリフォルニア海流によって作られ、とくに、海風の影響を受ける地域では、より優れたワインが生まれているのです。

カリフォルニア州の面積は、日本とほぼ同じですが、同じ州内でも気候、とくに四月から一〇月までの平均気温を積算した数字を基に、ヨーロッパの主要ワイン産地と比較してみると、何とドイツのような寒冷なところから、ポルトガルやスペインの南部のような温暖なところまで実にさまざま。したがって現在では、それらの気候風土に合ったブドウの品種が選ばれて栽培されています。

ところで今、流行《はや》っている南半球のワインのラベルのほとんどには、シャルドネやカベルネ・ソーヴィニョンといったブドウの品種名が書かれています。このラベルに品種名を書くヴァライタル・ワインと呼ばれるシステムは、実はカリフォルニアからはじまったといえるのです。

ヨーロッパではラベルに記されている文字には、そのワインが生まれた原産地が書かれており、その地名を名乗るために、さまざまな規定を設けています。なかには品種の規定などもあり、ワインの味わいをラベルによって知るためには、品種も含めて、その土地に規定された条件を知っておく必要があるのです。ところが、それらは実に複雑で、プロフェッショナルな取り扱いを必要とするでしょう。

その複雑さを、アメリカ流のシステマチックな感覚で捉《とら》え直して考え出されたこのヴァライタル・ワインは、とりあえず、品種の個性を憶えることによって、ある程度ラベルから味わいを想像できるといったスタイルなのです。

したがって、カリフォルニアのワインリストを見ると、見出しが赤とか白に続いて、ブドウの品種名がタイトルとなり、その後メーカーの名にプライスが付いています。

メーカーの個性を知るのは大変ですが、おおまかには、同じ品種のなかで、価格の安いものから高くなるに従って、次第に香りや味わいがより重厚になっていきます。そこで、軽やかに味わいたいときには、手頃な価格のものを選べばよいという具合に知っていると、誰でもワインリストから好みのものを選ぶことができるのです。

ちなみに、いくつかの代表的な品種と、その味わいを書くと次のようになります。

〈白〉

「シャルドネ」＝豊かな果実味とふくよかでバランスのとれた辛口。

「ソーヴィニョン、もくしはフュメ・ブラン」＝柑橘類やハーブの香りと、さわやかな酸味が特徴の辛口。

〈赤〉

「カベルネ・ソーヴィニョン」＝スパイシーな渋味を持った重厚な赤。

「ピノ・ノワール」＝豊かな果実味と芳醇な香りのまろやかな赤。

「メルロー」＝ボリューム感のある果実味と、なめらかな渋味を持った赤。

「ジンファンデル」＝黒こしょうのようなスパイシーさと、シャープな余韻を感じるカリフォルニア特有の赤。

「ホワイト・ジンファンデル」＝渋いピンクのほのかに甘いさわやかなロゼ。

レストランに行った際に、その日の気分で「赤を」というのではなく、カベルネ・ソーヴィニョンやピノ・ノワールをと言って注文してみてはいかがでしょうか。

チーズフォンデュとスイスワイン

二〇歳の夏、パリ五区のモンジュ通りに面したアパートの一室を借り、そこに友人たちと四—五人で共同生活をしていました。

一回の食費として一人五フラン（当時は一フラン五〇円台）を集め、そのなかから一・五リットルのプラスチック容器に入った赤ワインを買い、料理をつくって食べていました。ギリギリの生活をするなかで、唯一、財産といえるのは、前年に友人とボルドーで買った、シムカというメーカーの二〇万キロも走っていたボロ車でした。

ある晩、夕食の時に、その車を使って一ヵ月ほど旅行に出かけようということになりました。どこに行くかで話は盛り上がり、結果としてベルギーを経由し、ドイツからオーストリア、そしてスイスを回るルートに決まりました。

とはいっても、なにぶん、お金のない者ばかりです。フランスよりも物価の高い国々への旅となるため、全員がユースホステルの会員となり、宿舎のある場所をチェックしてルートを決め、出発しました。

一日に八〇〇キロほど走り、昼食は途中でパンに野菜、ハム、チーズなどを買い、パーキングエリアのテーブルを借りて食べます。夜はもちろんユースホステルで、さまざまな国の若者たちと食事を共にしながら、旅を大いに楽しんだものです。

このルートを選んだのには、もうひとつ理由がありました。この頃からワインを一生の仕事にしようと決めてはいましたが、いつもプラスチック容器に入ったワインを飲んでいたのでは、ワインの本当の良さなどわかるはずもありませんでした。さらに、実際にはプライベートで飲んでいたのは、どちらかというとビールです。ベルギー、ドイツには、実においしく、興味あるビールが数多くあります。「おいしいビールが飲みたい！」結局、旅先として選んだのはそんな理由からでした。

旅も終わりに近づき、チロル地方のインスブルックから小国リヒテンシュタインを通過。おとぎの国のようなスイスのサンモリッツに一泊しようと、町の中心にあるユースホステルにチェックインしました。そこで出された夕食が、初めて食べるチーズフォンデュだったのです。

もちろん料理そのものは知ってはいましたが、それまではチーズを「職業意識」で食べていただけで、決して好きとはいえませんでした。フランス国内を旅行中に、あまりの香りの強さに、口にせぬまま土のなかに埋めてしまったこともあったほどです。チーズフォンデュにしても、とくに食べてみたいと思っていなかったこともあります。

ところが、テーブルに運ばれてきたチーズフォンデュは、それまでに好きになれなかったチーズのある種のイメージを消すかのように、とくに香りが違っていたのです。あとでわかったのですが、なかに使うキルシュ（チェリーのホワイトブランデー）の香りや白ワインの香りも加わっていたからなのか、チーズから立ちのぼる芳香に、花のような香りさえ感じました。

では、チーズフォンデュはどのようにしてつくるのでしょう。まずフォンデュ鍋《なべ》に、ガーリックの切った面を擦《こす》りつけます。そこに辛口の白ワインを適量注ぎ、沸騰するのを待って、グリュイエールチーズとエメンタールチーズをすりおろしたものを合わせて、溶かし入れていきます。全体が溶けたところで、水溶きコーンスターチを使ってとろみをつけ、理想的には、キルシュを仕上げに少量加えてできあがりです。

パンは、フランスパンを適当な大きさに切り、半日以上乾かしておいたほうが良いでしょう。

また、チーズもこの二種類に限らず、いろいろと試してみると良いでしょう。たとえば、ゴルゴンゾラのようなブルーチーズを加えてみるのも、風味がより豊かになって楽しめます。一見単純そうな料理でも、各家庭によって内容は実にさまざまなのです。やはりスイスにも日本のように「鍋奉行」はいるのでしょうか。

さて、そのスイスのチーズフォンデュに合わせるワインは、もちろんスイスのワイン。スイスでもワインは、ほぼ全土で造られていますが、有名な地域としては、レマン湖のほとりに面したヴォー地区と、その東に広がるヴァレ地区があります。

チーズフォンデュには、一般に辛口の白を合わせます。食べながら水を飲むと、お腹のなかでチーズがすぐに固まってしまい、おなかをこわしますが、白ワインならば大丈夫ともいわれています。

その白として最も良く飲まれているワインが、スイスの全ブドウ生産量の約六〇％を占めているシャスラ種を使ったワインで、ヴァレでは、ファンダンとも呼ばれています。シャスラ種は食用としても栽培されている品種で、成熟が早く酸が控えめなため、冷涼なスイスでは逆に良い酸味を残しています。

ちなみに、スイスの赤ワインとしては、ピノ・ノワール種やガメイ種など、ブルゴーニュで栽培されている品種が植えられており、比べると、一般により果実味が優しく軽快なタイプとなっています。

フォンデュというと、油のなかに牛肉の角切りを入れて火を通し、マヨネーズベースのソースなどを添えて食べるオイルフォンデュがあります。今日、代表的なスイス料理として知られるこのオイルフォンデュ、実はフランスのブルゴーニュ生まれなのです。そして、実はチーズ・フォンデュも、もとはフランスのサヴォワ地方生まれの料理なのです。自宅では、私はチーズフォンデュを前菜に、オイルフォンデュをメインにして食べています。

一方、スイス生まれの料理としてラクレットがあります。それはラクレットチーズを切って、その断面を熱し、溶けた部分のみを皿にこそげ取り、茹《ゆ》でたポテトなどと一緒に食べる料理で、日本にもこのラクレットを食べることのできるお店が増えてきました。

スイスの気候から生まれた酸のさわやかなワインは、日本の食卓にもよく合う相性のものが多く見つかることでしょう。

この旅行を境に、プライベートの時間にワインを飲むことが増えてきました。

黄ワインとチーズ

最近、あまり聞かなくなりましたが、以前は「フランスの五大白ワイン」という言い方がありました。

その五つとは、まず辛口の白の王者、ブルゴーニュのル・モンラッシェ。そしてボルドーの代表は、辛口ではなく、極甘口の貴腐ワインで、そのトップに君臨するシャトー・ディケム。

三つ目はコート・デュ・ローヌ地方を代表する白で、北部ローヌの小さな地域から生まれるシャトー・グリエ、ヴィオニエ種から造られる香り高きワインです。四つ目はロワール地方の辛口白、シュナン・ブラン種を使った酸味豊かなワインで、非常に長命なタイプのサヴニエール・クロ・ド・ラ・クーレ・ド・スラン。

最後の五つ目はアルザスでもプロヴァンスでもなく、何とスイス国境に接する山間の地区、ジュラ地方のシャトー・シャロンと呼ばれるワインなのです。しかし、このシャトー・シャロンは、正確にいうと白ワインではなく、黄ワイン（ヴァン・ジョーヌ）というタイプになります。

ワインというと赤、白、ロゼの三タイプが一般的ですが、実は、この黄ワインのほか、灰色ワイン、緑、黒などの色で呼ばれるワインもあるのです。また、この黄ワインという呼称を、法律で管理することが認められているのは、唯一、ジュラ地方のみです。

ジュラ地方の他の地区、アルボワやコート・デュ・ジュラ、レトワールなどでは黄ワイン以外も造られているのですが、シャトー・シャロンでは、この黄ワインのみが造られています。

白ワインと黄ワインのどこが違うかというと、その熟成方法と期間にポイントがあります。

黄ワインは、この地方特有のサヴァニャン種（他の国ではトラミナー種）のみで、まず通常の醸造方法で辛口の白ワインを造ります。次にこの白ワインを、伝統的なカーヴのなかにある木樽に入れ、上部にある程度の空間を残して熟成させていきます。

通常、このような空間があると、ワインは酸化が進みすぎて、飲むことができなくなってしまいます。しかし、ジュラ地方の黄ワインが生まれるカーヴのなかには、いわゆる蔵づきの、ある種の酵母（産膜酵母）が長い間棲みついており、その酵母がワインの液面で活動し、表面に真っ白な膜を作ります。

この膜を「フロール（花）」と呼び、スペインのシェリー酒も同様に、この酵母の力を借りて熟成が進みます。このフロールによって、急激な酸化をまぬがれ、黄ワイン特有のナッツのようなフレーバーが備わりながら、ゆっくりと熟成が進んでいきます。

このワインは樽の移し替えも行われることなく、最低六年間の熟成を経てボトルに詰められる頃には、色調はすっかり濃い黄金色となっています。これが黄ワインと呼ばれる特徴なのです。

この黄金色に輝くワインは、強く個性的な香りを持ち、ドライフルーツや木の子のような香り、そしてナッツ、とくにヘーゼルナッツのような印象の香りと、ほかにハチミツを連想させる香りを感じます。味わいはドライで、とくにしっかりとした豊かな酸味が余韻となり、長く続くのですが、その印象はシャープなものではなく、ふくらみのある芳醇な味わいを備えているのです。

六年以上の樽熟成を終えた黄ワインは、「クラヴラン」と呼ばれる六二〇ミリリットルの特別なボトルに詰められます。その後は、このクラヴランのなかでゆっくりと熟成が進んでいくのです。

以前、アルボワ地区にある黄ワインを造る小さなメーカーを訪ねたところ、黒いカビでおおわれたカーヴのなかで、よく見ると、そのカビのなかにボトルが寝かされているのです。クラヴランに入っているので、もちろんそれらは、黄ワインに間違いありません。

その古そうなボトルは、何年くらいのものですかと尋ねると、最も古いものは、一八〇〇年代のものとの答えが返ってきました。そしてそのなかから、一九三七年産のボトルを一本取り出し、開栓してくれたのでした。

グラスに注がれた三七年産のシャトー・シャロンは、黄色というよりも、トパーズ色に近くなっていました。ですが、常に特徴的なヘーゼルナッツの香りとドライフルーツの香りを漂わせ、味わいは非常に広がりがあり、とくに余韻の香りの持続性が大変長かったことが、今でも強く印象に残っています。

この黄ワインは、日本はもとより、本家フランスのパリのレストランでさえも、ワインリストに載せていても、年に一本飲まれるかどうかというワインなのです。それは、それほどに個性が強いために、合わせる料理がなかなかないからです。

この黄ワイン、地元では、黄ワインで煮込んだ雄鶏のコッコー・ヴァン・ジョーヌと合わせたりします。また、近くのナンテュア湖の地方料理として有名なブロシェと呼ぶ川魚のすり身（クネル）に、ザリガニでつくったアメリケーヌソースを使ったクネル・ド・ブロシェ・ア・ラ・ナンテュアという料理に合わせると、ザリガニのミソの風味が、黄ワイン特有のナッツ香によって、より芳醇に感じられます。

また、黄ワインをテイスティングする機会には、ジュラ地方特産の牛乳から作られ、ハードタイプのチーズの代表ともいえるコンテを角切りにしたものが、必ず用意されます。それも、いく分熟成が進んだコンテのほうが、より相性がよく、このハードタイプチーズの香りの表現にも、ヘーゼルナッツ香が使われるところからも、合うことがおわかりいただけるでしょう。

スキーなどでフランス・アルプスにでも行った時に、ぜひ、この黄ワインを試してみてください。

アルゼンチン料理とワイン

以前、ロサンゼルスを経由してブラジルのサンパウロまでＪＡＬの飛行機で行き、そこで乗り換えて、アルゼンチンの首都ブエノスアイレスに三十数時間かけて到着したことがあります。東京のちょうど地球の反対側に当たるのは、ブエノスアイレスの沖合。アルゼンチンで造られるワインは、日本から最も遠い国のワインになるのです。

着いてまず驚いたのは、女性がみな美しく思えたこと。南米特有の個性的な顔立ちをベースに、スペインとドイツの良いところのみが調和した印象で、それまで抱いていたアルゼンチンのイメージが、一変したのを憶えています。

アルゼンチンは南米最大のワイン生産国で、その生産量は世界でもフランス、イタリア、スペイン、アメリカに次いで第五位にランクされています。

そのアルゼンチンの主食というと、人口の倍以上もいる動物の肉、つまり牛肉なのです。

以前、フランス料理店でアルゼンチンからのお客さまに、日本の牛肉はおいしいかと聞かれ、自信を持って霜降りの最上肉のロースのステーキをおすすめしました。一口目は良かったのですが、だんだんと不満げな顔になっていきます。結局、三分の一以上を残してしまい、支払いの際、値段の高さに、とうとう怒り出してしまったのです。

アルゼンチンでは牛肉を主食のように、一回の食事で五〇〇グラムほど食べます。霜降り肉はたしかに一口、二口はおいしく感じられるのですが、とても五〇〇グラム食べる気にはなれません。現に、その方は二〇〇グラムのステーキも食べられなかったのです。

そのことを思い出したのは、アルゼンチンに着いたその日の夜の食事の時でした。ブエノスアイレスでも有名なその店は、アサードを出す店で、多くの人たちで賑《にぎ》わっていました。

アサードはスペイン語で「炙《あぶ》る」という意味の、アルゼンチン風の網焼きのことで、もちろん基本は牛肉です。ただし、ヒレやロースだけではなく、レバーや腸、腎臓《じんぞう》、心臓などの内臓類も使います。ソースはなく、塩、こしょうのみで、木炭や薪《まき》を使い、長い時間をかけて調理します。

一人前の量は三〇〇―四〇〇グラムは優にあったでしょう。大きなブロックがテーブルの上の皿いっぱいに置かれているのです。

見た瞬間から、これは食べられませんとホストの方に、つい言ってしまいました。ところが、いざ、食べはじめてみると、決して柔らかいとはいえず、どちらかというと硬い肉が、嚙《か》んでいるうちに、肉のなかからジューシーで、ほんのり酸味を含んだマイルドな旨味がにじみ出てきて、口のなかに広がるのです。そして、とうとう全部を食べ切ってしまいました。その時、あのお客様の不満足だった意味が実感できたのでした。

日本の食に関するテレビ番組などで、牛肉を食べるシーンがあると、よく「柔らかくておいしいですね」という表現を聞きます。でも、そのたびに柔らかい肉がすべておいしいとは限らないと思ってしまいます。アルゼンチンでの初日はタンゴと女性の美しさ、そして牛肉の余韻の長い旨味に感激して、一人ベッドに入りました。

その翌日から、いよいよアルゼンチンのワイン産地巡りの始まりです。まず訪れたのは、北部のボリビアやチリに接するサルタ地区。南半球ですから、北に行くほど暑くなり、ブエノスアイレスから飛行機を使い、さらに車で四時間ほど山道を進んだところに、ポツンとブドウ畑が広がっていました。途中には昔、西部劇で見た、五メートル以上はあろうかというサボテンが、あちらこちらに立っています。

そのサルタではトロンテスと呼ばれる特有の品種から、マスカットやトロピカルフルーツのような、強い果実香のふくよかな白ワインが造られており、フォルクローレを聞きながらワインを味わいました。またホテルのある町まで、真っ暗な山道を帰る途中に見た南十字星に、アルゼンチンの広大さと世界の広さに、またまた感激したのでした。

三日目からは、アルゼンチンのワイン生産の中心地といえるアンデス山脈の麓《ふもと》に広がるメンドサ地区です。ここにはアルゼンチン全土に植えられている、主にテーブルワインの原料となるクリオージャという品種以外に、フランス系の品種である白のシャルドネやセミヨン、ソーヴィニヨン・ブラン、赤のカベルネ・ソーヴィニョンやメルロー、そして特にマルベックも多く植えられています。

それらを使ったワインは、近年、とくに輸出に力を入れているメーカーによって、品質が非常に向上し、かつ価格も安く、安定していると評価されています。

世界で第五位の生産量を誇るアルゼンチンのワイン産業が、全体的に海外に目を向けていけば、今後の可能性もきわめて高く、恵まれた気候風土の下、非常にバランスの優れたワインが生まれ、さらなる期待が持てます。

メンドサでの滞在は五日間ほどでしたが、各メーカーでいただいた昼食、夕食はアサードまたアサード。前菜として、ミートパイやギョウザのようなエンパナーダと呼ばれるパイ料理を食べるのですが、これがまたおいしく、ついつい四個五個と食べてしまいます。その後で、ヒレとロースの両方で五〇〇グラムを超えるアサードを前に、牛のように胃が四つあったらと本気で思いました。

ブエノスアイレスに戻り、魚好きの私が「魚、魚」とうわごとのようにつぶやくのを聞いた、案内をしていただいた方々が、よほど心配したのか、最後の夜に日本料理店に連れていってくれました。

そこで食べたのが「アルゼンチンの国魚」ともいうべき、ペヘレイという、サヨリとイワシを合わせたような魚の刺し身です。夢にまで出てきた魚の味に満足し、ふと、いつもの自分に戻ってみると、周りには、やっぱりアルゼンチンの美しい女性の姿があったのでした。

現在、アルゼンチンのワインは、マルベック種を中心に、さらにその品質の高さが世界的に評価されています。

オーストラリア料理とワイン

お酒の味を覚えた頃のことです。当時、新宿に勤めていた父親と待ち合わせ、西口の小さな店が密集した一角にある、カウンターだけの小さな店に行きました。

そこで日本酒を飲みながら、父親が新入社員の頃から知っているというオヤジさんの話を聞き、後継ぎの息子さんが焼く焼き鳥を食べながら、私も二代続けてこの店に通うのかな、などと考えて妙に楽しかったことを覚えています。

ある日、その店に行くと、すでに満席。しかたなく近くで別のところを探していると、ある店の入り口に「ジャンピングミート刺し身」と書かれた紙があり、何やら面白そうなので入ってみました。この「ジャンピングミート」とは、カンガルーの肉だったのです。

その肉はレンガ色がかった鮮紅色で、脂はまったくといえるほどなく、ほんのりと鉄と藁《わら》のような草の香りを感じる繊細な印象で、味わいもさわやか、優しい酸味が備わり、上品で、かつ柔らかな食感でした。その肉こそ〝オーストラリアの味〟との初めての出会いだったのです。

その後、オーストラリアには仔羊（ラム）もあり、オージービーフもあり、その質は価格に比して優れたものであることを知りました。

さらにオーストラリアからは、さまざまな魚介類が輸入され、また日本とは季節が逆であることから、日本の旬とは時季の異なった野菜も、数多く輸入されているのです。今の日本では、知らず知らずのうちにオーストラリアの食を味わっている機会が、かなり多いのではないでしょうか。

では、そのオーストラリアのワインについてはどうでしょう。この国がワイン造りにおいて、近年急速に進歩している国のひとつであることは確かだと思います。良い醸造用ブドウが育つには温帯で、かつ雨が少なく、そして昼夜の温度差が、ある程度あることなどの環境が必要です。

その条件にオーストラリアは、実にピッタリとマッチしているのです。南半球では南に向かうほど涼しくなっていきます。したがって、ワインの産地も亜熱帯から熱帯に属する北のエリアではなく、南部の地域に集中しています。

オーストラリアのワインの歴史は、二〇〇年ほど前にイギリス人がシドニー周辺に、ブドウの木を植えたことに始まります。その後、近郊のハンター・ヴァレー、さらに各地に広がっていきました。現在、ワイン生産の中心地といえるのは、南オーストラリア州のアデレード近くに広がるバロッサ・ヴァレーや、南のクナワラ地区などで、この一州だけで全体の六〇％の生産量を占めています。

また南東部ニュー・サウス・ウェールズ州のハンター・ヴァレーやバロッサ・ヴァレーなどは平均気温が高く、欧州系のブドウから造られたワインは、原産国のワインのタイプに比べ、ずっと濃密感のあるふくよかなタイプとなっています。これがオーストラリアのひとつのワインのタイプといえるでしょう。

近年、オーストラリアでは世界中のさまざまな嗜好《しこう》に合わせ、たとえば白ワインは、より酸味のさわやかなタイプを、また赤では、より繊細なタイプのものを造るようになり、生産地域もさらに南へと広がってきました。そのため、もともと温暖な地域であるクナワラなどでは、収穫のタイミングを少し早めたりしています。

また同様の緯度にあるヴィクトリア州でも栽培地が次々に拡大しており、さらに西オーストラリア州では、寒流の影響で気温が低く、酸味のシャープなワインが造れることから、最近とくに注目される地域となりました。

またヴィクトリア州の南の海に浮かぶタスマニア島の気候は、かなり冷涼で、ヨーロッパのブドウ栽培地域のかなり北の地方と、ほぼ同じ条件にあります。そのため、とくに白のさわやかなタイプのワインが増えてきています。

オーストラリアの気候は安定しており、常に良質のブドウが収穫できることから、年による差が小さく、また栽培面積も広く、生産性も高いため、常に良質で低価格のワインを造ることができるのです。そのオーストラリアでは、カリフォルニアなどと同じように、ワインのタイプをジェネリック・ワインとヴァライタル・ワインと、大きく二種類に分けています。

ジェネリック・ワインは日常的なワインで、紙パック入りや大きなボトルで売られているものも含んでいます。日本に輸入されるものの多くは後者のヴァライタル・ワインで、ラベルにブドウの品種が記され、その品種名からある程度味わいが想像できるスタイルのものです。

他の国と同様に、フランス産の品種が主流で、さわやかなタイプの白ワインを産むソーヴィニョンや、ふくよかなタイプのシャルドネ、赤ワインでは、果実味豊かなピノ・ノワールやメルロー、しっかりとした渋味のカベルネ・ソーヴィニョンや、フランスではシラーと呼ばれるシラーズなどがポピュラーなタイプとなっています。さらに、ドイツ原産のリースリングも近年増えており、イタリア系の品種や交配した品種などその数は現在八〇〇種を超えるとも言われています。

また、オーストラリアでは二種類以上のブドウをブレンドしたものには、その多い順にラベルに複数の品種が書かれているものもあり、今後もさらなる品質向上に世界中から期待が集まっています。

先日、フランスに住んでいる私の家族と、ブルゴーニュのあるレストランでメニューを見ていると、「オーストリッチ」と書かれています。私の知っているその単語はダチョウのこと、尋ねてみるとそれは何とダチョウのステーキだったのです。

興味を持ち、注文して食べ終わった後、「どこ産のダチョウですか」と聞くと、「オーストラリアです」と一言。かくして私の娘の初めてのオーストラリアの味は、ダチョウとなったのです。

スペインとシェリー

今から二五年ほど前、東京のフランス料理店では、食前酒というと六―七割の方が、シェリーもしくは最もポピュラーな銘柄であるティオ・ペペを注文していました。なかには、オンザロックがいいとか、レモンスライスを入れたほうがいいなどと言う、自称「シェリー通」の人も多かったように記憶しています。

でも、当時はワインといってもマテウス・ロゼ（ポルトガル産の弱発泡性やや甘口のロゼ）を飲みながら、「うん、ワインはうまいね」などと言っていた人が多かった頃です。シェリーのように熟成によって芳醇で複雑な香りと、酸味のけっこう強いドライな飲み物が、本当に好まれていたのかと思うと、不思議な気がします。

それは、きっと一種の〝見栄講座的〟情報によって、フランス料理店で「アペリティフは？」とキザなソムリエに聞かれたら、ドライ・シェリー、もっと恰好《かっこう》がいいのは、ティオ・ペと言えばいいという飲まれ方をしたことも、大いにあったと思うのです（そうではなかった方々スミマセン）。

私自身もフランスに憧《あこが》れて、一九歳の時にフランスに渡り、初めての高級レストランで「ケレース（フランス語でシェリー）・シィル・ヴ・プレ」と注文しました。

すると、ソムリエには何やら意味が通じていないような雰囲気。発音が悪いのかと思い、何度も言ってみましたが、返事がわかりません。問答の末、やっと意味が理解できました。ソムリエは「シェリーは置いていない！」と言っていたのです。このように、私もフランス料理はシェリーに始まると思わされていたのですが、フランスでは、シェリーはほとんど飲まれていなかったのでした。

ただし、シェリーファンのために一言付け加えると、シェリーはフランスよりもイギリスで多く飲まれており、イギリス式ダイニングでは、シェリーを食前に飲むのはごく一般的で、その飲み方がアメリカを経て日本に伝わったとも考えられます。

こうしてシェリーはフランス料理店にはないと〝新たな〟発見をした私は、そのままフランスでギリギリまで切り詰めた生活を始めたのです。長い間、南西フランスのボルドーに住み、知人も増えていきました。ボルドーからスペイン国境までは二〇〇キロあまり。

街には多くのスペイン人が住んでいました。時々、友人たちと飲みに行く安いバーにも、スペイン人が多く集まり、トランプなどをしながらビールや、日本ではリカールなどで知られるパスティスを飲んでいます。そんなバーで飲んでいるうち、ふと思い立って、翌日には、もうマドリード行きの夜行列車に乗っていたのでした。

マドリードに着いて格安の宿に荷物を置き、さあ、最初のスペインでの夕食をと近くの安いレストランに入り、ウェイターに「ヘレス（スペイン語でシェリー）、ポル・ファボール」と注文しました。すると、ウェイターは一瞬考えたのち、「ノー、ノー」と、たぶん英語で答えました。何と、スペインなのにシェリーがレストランにないのです。

結局、その単語とセルヴェッサ（ビール）しか知らなかった私は、その場ではビールを飲むことになってしまったのでした。その後、バーに行くたびに「ヘレス」、「ヘレス」と言っていたところ、何軒目かで、やっとスペインのシェリーに出会えることになりました。もちろんマドリードの高級バーやレストランなどには、シェリーを置いてありますが、一般の人にとっては、あまり馴染《なじ》みのない飲み物だったのです。

シェリー・ケレース・ヘレスというワインは、南スペインの海に近いヘレス・デ・ラ・フロンテーラの町を中心に、主に海寄りに広がる土地で、パロミノ種と呼ばれるブドウから造られます。したがってヘレスという名前は、町の名であり、それがフランス語でケレースと呼ばれ、フランス語やスペイン語にあまり強くなかったイギリス人によって、シェリーと発音されてしまったようです（三つの呼び名が認められている）。

ですが、そのヘレス地方のワインを船に積み込み、航海に出たところ、月日が経つにつれ、ワインの品質が変わることを知り、それを防ぐために、ブランデーを添加することを考えたのは、そのイギリス人たちでした。その発想は、ポルトガルのポートやマデイラ、そしてイタリアのマルサラなどにも用いられ、長期にわたる品質の安定や熟成のためには、素晴らしい方法であったのです。

これらワインの醸造工程の途中でブランデー類を添加するタイプのワインを、日本では酒精強化ワイン（フォーティファイドワイン）と呼んでいます。シェリーの特別な風味は、その製法によります。

まずブランデー添加直後にワインは木樽に入れられ、その際、上部に四分の一ほどの空間をつくります。やがて液面には、フロールと呼ばれる白いカビのような酵母が一面に繁殖し、この酵母（産膜酵母）の作用によって、ヘーゼルナッツのような風味が造られるのです。

その後シェリーは、ソレラ・システムと呼ばれる、独特のブレンドをしながら熟成が行われる工程を経て、フィノと呼ばれるドライ・シェリーが生まれます。さらに、フィノを熟成させて琥珀《こはく》色になったものは、アモンティヤードと呼ばれ、また酵母によるフロールができないものを熟成させ、濃いレンガ色になったものをオロロッソと呼んで、大きく三タイプに分けています。

このオロロッソには、色もさることながら、どことなく老酒《ラオチュウ》のような風味を感じ、したがって、この三タイプのシェリーは、中国料理との相性も非常に良く、使い分けとしては料理の色のニュアンスと、シェリーの色合いを合わせるように楽しむと良いと思います。

つまり、私にとってシェリーと相性の良い料理は、フランスでも、スペインでも、イギリスでもありません。おいしいと思ったのは中国料理だったのです。逆にいえば、シェリーとは実にインターナショナルな飲み物なのかもしれません。

スペイン料理とワイン

初めて飛行機に乗ったのは一九歳のときです。いきなりフランスに行ったので、二五歳を過ぎて初めて国内線で福岡に向かうのに、飛行機に乗るにはパスポートが必要かと思い、ポケットのなかにパスポートが入っていたほどでした。

フランスへは百パーセント勉強のためと決めていたので、パリでエッフェル塔も見ずにブドウ畑に直行。フランス・ボルドーでの生活が始まり、パンとトマトと一本一〇〇円の赤ワインの生活が半年ほど過ぎた頃です。ボルドーの町中で、ボロボロの洋服（そのように見えました）を着た、一人の日本人旅行者に会いました。

その彼は日本を出発し、アジアの国々を回り、中近東からギリシャそしてイタリア、スペインを経てボルドーにたどり着いたという、かつての人気テレビ番組『進め！電波少年』に出てきそうな旅行者だったのです。彼の話は実に興味あることばかり。結局そのままアパートに泊まってもらい、旅行術を伝授してもらうべく、根掘り葉掘り連日連夜、話に聞き入っていました。

日本でワインの本で勉強するだけでは物足らずに、ボルドーまで来てしまった私ですから、旅行話を聞いて、うらやましいとだけ思って終わるわけもありません。その三日後には、ボルドー駅のホームの上で、とりあえずスペイン行きの電車を待っていたのです。

とはいっても、ボルドーから二〇〇キロも南に行くと、もうスペイン国境。乗った電車はマドリード行きの特急で、まずはその終着駅に向かいました。まさか一ヵ月半もスペインに滞在することになろうとは、思いもせずに……。

マドリードに行ったのは、もうひとつ訳がありました。誰でも知らない土地でのホテル探しは不安になるもの。この頃は予算も少ないので、ガイドブックに載っているようなホテルには泊まれず、かといって会員でもないので、ユースホステルにも泊まれません。ところが、マドリードには日本人びいきの安ホテルがあるという情報を、あの「電波少年的」旅行者から聞いていたのです。

そのホテルに着くと、日本人びいきどころか、宿泊客は日本人のみで、それもみな旅行の〝強者《もさ》〟ばかり。長期滞在者も多く、彼らの多くは路上で針金を曲げて名前をあしらったブローチを作ったり、日本から取り寄せた、水に入れると花が咲いたりするような商品を売るなどして、滞在費を稼いでいたのです。

彼らと話をしているうちに、皆で何かをしようとして思いついたのが、広場で空手のデモンストレーションをし、帽子を回してお金を稼ごうというアイデアでした。それはすぐに実行に移されて、結果は大成功。二〇〇人以上の見物客が集まり、予想以上の収入となりました。

そのお金で近くの酒屋でワインを買い、誰かが覚えてきたスペイン風の飲み方を試してみました。それは羊の革袋にワインを入れて三〇センチほど口元から離し、上を向いて口を開け、そこにワインを流し込み、口を開けたまま飲むという方法です。広場に二〇人ほどの日本人が車座になり、革袋が何周もするうちに、スペインのワインに酔ったのでした。

これが私とスペインワインの出会いだったのです。このときは、まだスペインのワインが人生を大きく変えるなどとは思いもせずに……。

それから二〇年近くの歳月が流れ、一九九五年の五月一六日、世界最優秀ソムリエコンクールの決勝当日。決勝の課題は、まず五アイテムの飲み物のブラインド・テイスティングでした。

一つ目は白ワインです。その色の濃さと、木樽の香りの特徴から、どうやらオーストラリア産。二つ目は間違いなくイタリアの赤でキャンティ。三つ目はレンガ色の具合から、かなり熟成が進んでいる。香りには、土やなめし革の香りがはっきりとしています。すぐにひらめいたのがスペインのリオハのワイン、それもグラン・レセルバでした。

後で解答を聞くと、二番目は外し、一つ目と三つ目はピッタリの正解。しかもグラン・レセルバまで当たっていました。このブラインド・テイスティングのポイントが大きく加わり、優勝することができたのです。

それからというもの、どうもオーストラリアのシャルドネ（白）と、スペインのリオハの赤に思い入れを感じてしまいます。そのリオハのグラン・レセルバ、ヴィンテージを八二年と答えたのですが、何と一九六八年産でした。つまり、テイスティングのうえでは、本当の年よりも二〇年以上も若々しく感じたのです。

リオハはマドリードの北東、ピレネー山脈の方に向かったところに広がるスペインの銘醸ワインの産地。このリオハでは白もロゼも造られますが、赤はテンプラニーリョ種を主体に造られ、樫《かし》の木樽でしっかりと熟成されるのが、伝統的な方法となっています。

その熟成年数の違いによってタイプ分けされており、ラベルにクリアンツァと書かれている赤は、最低二年（樽で一年、ボトルで一年）、レセルバは最低三年（樽で一年、ボトルで二年）、さらにグラン・レセルバとなれば最低五年（樽で二年、ボトルで三年）の熟成が義務づけられています。

つまり、グラン・レセルバとなると、長い熟成に耐えられるような力強さをワインが備えているのです。したがって、ものによっては五〇年以上経過しても、楽しめるワインが多く存在しています。

先日、一九七八年産のリオハを飲んでいて、そうだ、七八年といえば二〇歳で、初めてスペインで革袋のワインを回し飲みしていた頃だと気づき、急に懐かしさがこみ上げてきて、あの楽しみをいつかまた味わってみたいと思ってしまいました。

ブルガリア式ワインの愉しみ方

現在、上質なワインを醸造するうえで、重要な要素のひとつに、オーク材を使って作られた木樽、とくに二二〇リットルから四〇〇リットルほどの容量の小樽（バリックなどと呼ばれる）があります。

組み合わせた木の内壁を、焼きながら曲げて作られた樽のなかで、ワインを醸造（発酵や熟成）することにより、オーク材に含まれるポリフェノール類が、ワインにコクのある渋味や苦味を与えます。またオーク材には、ヴァニリンと呼ばれる芳香成分なども含まれており、ヴァニラやスパイスの香り、さらに焼いて作られたことによるロースト香も、ワインに心地よい影響を与えるのです。

さらには木目などを通して入り込むわずかな空気によって、ワインが少しずつ酸化することで、ワインの香りがより芳醇に変化し、また収斂《しゅうれん》性のある渋味などが、よりなめらかになることも、木樽熟成の大切な目的となっています。

したがって、使われるオーク材の品質や特性、そして樽を作る際の内壁の焼き方などの違いによって、ワインの酒質に与える影響も変わってくるのです。

このオーク材の産地としては、アメリカやスロヴェニア、スペインなどがありますが、とくに上質なオークの産地は、フランスの中央山塊（マシフ・サントラル）の麓にあるアリエーやトロンセなどの森が有名で、世界中のワインメーカーが使用しています。

その違いはというと、とくに樹齢が二〇〇―三〇〇年を経た樹から得られる素材は、木目が凝縮しており、芳香成分や渋味を与える成分などが、じっくりと、より繊細にワインに溶け出していくといった特性を持っています。

しかし、このフレンチオークの新樽（二二五―二二八リットルのもの）の値段は、現在、約六―七万円ほどもすることから、一樽三〇〇本（一本七五〇ミリリットル）分のワインのコストにも影響してきます。

ところが、最近になって、フランスのオークは、実に三〇〇年ほど前にブルガリアのオークの森から移植されたものではないか、という話が持ち上がってきたのです。つまり、ブルガリアにあるオークのなかには樹齢三〇〇年を超えるものもあり、この樹で小樽を作りワインを醸造してみたところ、非常に上質な個性を与えることがわかったのです。そして、何といっても樽の価格が格段に安いのです。

ブルガリアのワイン造りの歴史は古く、ほぼ全土で生産されているのですが、国の政治的・経済的事情により日本はもちろんのこと、世界中でもあまり知られていませんでした。それがとくに九〇年代に入り、企業の民営化や海外からの資本や技術などの導入によって、国内向けやロシア向けが主体であったワイン産業も、国際市場を意識したワイン造りがさかんに行われるようになってきました。

ブルガリアは地中海性気候に属し、温暖で雨が少なく、また土壌にも恵まれており、さまざまなタイプのブドウ品種が栽培可能な土地であったのです。それが量産型からより質の高いものを造る方向に変わりはじめてきたことで、急速に海外から注目を集めるワイン生産地となったのです。

七年ほど前、ブルガリアのワイン産地を訪ねた時のこと。あちこちで食事を御馳走《ごちそう》になりました。

その時の食事のパターンは、まず塩分の強いカッテージチーズを添えたサラダなどを前菜に、合わせて飲むのはラキアと呼ばれるブルガリア産のブランデー。それも食前酒によく冷やしたこのブランデー（アルコール度数四〇度以上）をストレートで飲むのです。

そしてメインディッシュの魚や肉の料理の時には、白または赤のワインを飲みます。ここで食前に、すでに一般には食後酒であるブランデーを飲んでしまっているので、食後時には、何を飲むのだろうかと考えました。

やがてメインディッシュが終わり、次に何が出てくるかと思いきや、テーブルの上には、サラミやナッツのようなものが並び、運ばれてきた飲み物は何とビールでした。

つまり、とりあえずビールを飲んでナッツをつまみ、食事中はワインを飲み、そしてチーズを食べ、食後にブランデーを飲むという一般的概念とまったく逆のパターンだったのです。

もっともこのような食事は日常的なものではなく、高級なレストランに人を招待したときなど、人を〝もてなす〟場合のスタイルとなっています。

その高級なレストランでの料理と飲み物すべて込みの値段が、一人五〇〇円ほどで済んでしまうような物価の国です。もちろんワインの値段も安く、出荷価格で二〇〇円というと、現地ではかなり高級なワインになります。

ブルガリアではガムザ種など、昔から植えられているブドウ品種もありますが、近年、とくに輸出を意識して造るワインは、フランス系のシャルドネやソーヴィニヨン種を使った白ワインや、メルローやカベルネ・ソーヴィニヨン種から造られる赤ワインが主流です。また一九九六年産あたりから、先のブルガリア産オーク材の新樽を使ったワインが醸造されはじめ、最近になって市場に出荷されるようになってきました。

ブルガリアばかりでなく、ハンガリーやルーマニアなどにも、この傾向は拡《ひろ》がり、年を経るごとに新しいスタイルで、かつより高品質のワインが生まれています。

ワイン選びで何よりも大切なのが、コストパフォーマンスではないかと思います。その点で今、世界で最も優れたワインのひとつではないか、とも言うことができるのが、このブルガリアのワインでしょう。

イワシの塩焼きとポルトガルワイン

一五四九年、フランシスコ・ザビエルをのせたポルトガルの船が入港し、薩摩の島津貴《たか》久《ひさ》侯に珍陀酒《ちんだしゅ》と呼ばれる酒を献上しました。

この珍陀酒ですが、ポルトガル語で赤ワインをVinho Tinto（ヴィニョ・ティント）といい、Vinhoがワイン、Tintoが赤を指します。つまり「赤」を意味するTintoが珍陀となって伝わったのです。

珍陀酒、この「赤酒」が日本に初めて輸入（?）されたワインだったのです。

日本人として初めて赤ワインを口にした島津侯は、その色にさぞかし驚いたことでしょう。その驚きが、まったく知らなかった単語のワイン（Vinho）を使わずに、赤（Tinto）のほうを残したことでも理解できます。

ただし、ここで赤と言ってはいますが、今の赤ワインのように、紫がかった濃いガーネットやルビーのような色調のものだったのでしょうか。

ポルトガルにはポートワインやマデイラワインといった、酒精強化ワインというタイプのワインがあります。この酒精強化ワインとは、ワイン造りの過程で、アルコール発酵の途中もしくは、ほとんど終了時点で、ブドウから造られたホワイトブランデーを添加して、酵母の活動を停止させ発酵を止めて、通常よりアルコール度の強いワインを造るものです。

これらの酒精強化ワインが生まれた最大の理由は、保存性を高めることにありました。大航海時代に長い船旅にワインを積んでいると、途中でどんどん風味が変わってしまい、そこで考えられたのが、酒精強化ワインだったのです。

さらにもうひとつの理由があり、それは積み荷のスペースが限られているのであれば、より濃度の高いワインを持っていくほうが、酔って楽しくなるまでに飲む量が少なくてすみ、効率がよかったからともいわれています。

ただし、このポートやマデイラが造られるようになったのは、一八世紀に入ってからなのです。

このマデイラというワイン、リスボンから南西約一〇〇〇キロも離れた小島のマデイラ島で造られるユニークなワインです。酒精強化されたワインを、エストゥファと呼ばれる三五―五〇度の温室に数ヵ月入れ、どこか老酒などにも似た独特の風味を持ったワインに仕上がります。

エストゥファに入れておくスタイルが、なぜ考案されたのかといえば、それ以前、航海の際に、赤道を越えるような長く暑い船旅によって、ワイン特有の風味になってしまうことがヒントとなっているのです。

この変化は酸化によるものであり、ワインの保存上は急激に酸化が進むよくない状態であるのは、いうまでもありません。

そうなると、この酸化による変化も、まだはっきりと認識されていなかった一五〇〇年代に、ポルトガルから相当長い期間を経て日本に上陸した赤ワインは、いったいどうなっていたのでしょうか。まして、今のような酸化を防ぐ技法すら、ほとんど確立されていなかった時代です（ただし、現在も使用されている亜硫酸塩は、すでに古代エジプト人やローマ人にも知られてはいました）。

ボトルの製法技術上のレベルも低く、コルク栓もまだ生まれていないので、当然、密閉度も低かったはずです。とすると、その「赤ワイン」は赤というよりも、ほとんどレンガ色。いや、すでに紅茶のような色になっていたかもしれません。

たぶん、島津侯は、この「赤」と呼ぶ茶色に近い飲み物を、決して感動するようなおいしい飲み物だとは思わなかったのではないでしょうか。なぜなら、日本でワインが造られるようになったのは、それから三三〇年も後のことなのです。いずれにせよ、日本人が初めて口にしたワインは、ポルトガルの赤ワインであることは確かなことのようです。

ポルトガルのワイン造りの歴史は古く、紀元前四〇〇―五〇〇年ともいわれています。そのポルトガルのワインが、ポートやマデイラを除いて、あまり世界中での評価が高くなかったのは、ほとんどが国内市場向けに造り続けていたからなのでしょう。

ポルトガルのオポルト港の河岸に並ぶレストランで、炭火で焼いたイワシの塩焼きを食べながら飲むヴィニョ・ヴェルデやダンの白ワインは、一本一〇〇〇円台から売られています。

それが、一九九〇年代に入り、変化が現れはじめました。先日、ボルドーである有名なシャトーを所有していたオーナーと話をしていた時に、その方が「実はいま、ポルトガルで非常にすばらしいワインを造ろうとしているんだ」と語っていました。

ポルトガルの気候は温暖で、ブドウの成熟度合は常に高く、当然のことながら、上質なワインが造られる条件は整っているのです。それは、わかっていたのですが、市場への販売価格を考えると、質よりも量に頼らざるをえなかったのでしょう。

　それが、国際市場への販路をすでに持っている、他の国のワインメーカーの参入などをきっかけに、急速にレベルの高いワインが次々に登場してきました。

　この動きがポルトガル全土に広がり、とくに興味がそそられるのは使われているブドウ品種です。いま流行のフランス系ではなく、ポルトガルの伝統的な品種のトゥーリガ・ナシオナルや、スペインでも広く栽培されているティンタ・ロリス（アラゴネス、スペインでは、テンプラニーリョと呼ぶ）などを主体に造られ、ポルトガルならではの個性を持ったワインが生まれています。

　これらのワインが、四六〇年前に島津侯に届けられていたら、日本のワインの歴史が変わっていたかもしれません。

カナダの料理とワイン

カナダのワインが最近、急速に注目を集めています。

カナダというと、日本の二六倍もの国土に人口は三〇〇〇万人ほど、自然に恵まれて、オマール海老《エビ》やキングサーモン、子持ち昆布やメープルシロップなどが特産で、気候は冷涼、どちらかというと寒いというイメージをもっている方が多いのではないかと思います。

そのカナダでもワインは造られています。そのなかでも特産が、アイスワインと呼ばれるタイプで、これはドイツで最初に造られ、隣のオーストリアなどでも見られる特殊なワインです。

このアイスワインは、読んで字のごとく、氷のワインのことで、秋にブドウを収穫せずに冬の訪れを待ちます。

そして気温がマイナス八度以下（実際にはマイナス十二度位）になると、糖度のある程度高かったブドウも、全体が凍ってしまいます。この凍ったブドウをそのままの状態で収穫し、解ける前に圧搾機に入れます。すると、ブドウ果汁のなかの水分は凍ったままで、搾られてくる液体は水分が少なく、糖や酸などのエキス分が非常に濃縮したものになるのです。

通常、ブドウ一トンを圧搾して、だいたい七〇〇リットルの果汁を得てワインを造りますが、このアイスワインのための方法では、一トン当たりの凍ったブドウから、たった八〇リットルの液体しか得ることができません。

時に五〇％近くにもなる糖分を含んだ果汁は、酵母菌によるアルコール発酵のスピードを遅らせ、仕上がりも一〇―一二％とアルコール度があまり高くならず、その残糖により、甘露な甘口のワインに仕上がるのです。

ドイツやオーストリアでは、気候などの条件が毎年のように整うことはなく、遅摘みの条件がそろった年に、貴腐《きふ》菌による貴腐を期待するか、あるいは一二月頃まで待ってブドウを収穫し、このアイスワイン（ドイツ語ではアイスヴァイン）を造ります。

しかしカナダでは、一一月になると、毎年コンスタントに夜明け前に気温がマイナス八度以下になる日があるために、ドイツなどのように、畑の一部のブドウを収穫せずにとっておく必要もなく、畑のすべてでアイスワイン用のブドウが栽培できるのです。

ブドウ品種としては、ドイツと同様に高級なリースリング種のほかに、ヴィダルと呼ばれるカナダ特有の品種が使われています。これはユニ・ブラン種とセイベル4986という品種を交配したいわゆるハイブリッド（一代雑種）で、寒冷地にも向く品種として開発されました。このヴィダル種は花の香りが強く、アイスワインにしても、黄色のピーチやアンズ、パッションフルーツやマンゴーなどの果実香に、華やかな花の蜜を連想させるような香りを持っており、豊潤で濃密な甘味と、リースリング種ほどではないにせよ、シャープで上品な酸味がバランスよく調和しています。

このようにアイスワインでありながら、ほとんど毎年のようにコンスタントに造られるために、その価格は意外と手頃で、三七五ミリリットルのボトルに詰められたものが、カナダ国内で一本三〇〇〇円前後で売られているのです。

カナダでのアイスワイン造りの歴史は浅く、一九八三年―八四年にかけて初めて造られ、九〇年代になってワイナリーの数も一気に増えました。また一九八八年にはワインに関する品質協定（VQA）が導入され、品質が厳格に管理されるようになったのです。

アイスワインの話ばかりしていると、やはりカナダは寒いのかと思われますが、実は、そうでもありません。カナダの主要なワイン産地は、トロントのあるオンタリオ州の南部、ナイアガラの滝の北側にあるオンタリオ湖周辺地域、いまひとつはヴァンクーヴァーのある太平洋に面した、ブリティッシュ・コロンビア州南部のオカナガン・ヴァレー周辺地域です。

オンタリオ湖周辺の緯度は北緯四三度付近。ヨーロッパでは、なんとイタリア中部のトスカーナ地方や、スペインのカタルーニャやリオハ地区などとほぼ同じ緯度になります。オンタリオ湖周辺の地域では夏は暑く、しかし湖の影響で夜は冷え込むことで、実はアイスワインのみならず、シャルドネやカベルネ・フラン、メルロー、ピノ・ノワール、カベルネ・ソーヴィニョンなどの品種を使った赤や白のワイン、それも非常にレベルの高いものが造られているのです。

とくに九〇年代に入ってからのレベルの高さには、目を見張るものがあり、毎年のように驚かされています。なかでも、白のシャルドネ、そして赤のカベルネ・フラン種による辛口のワインなどは、今後世界のワイン市場のニューウェーブとなっていくでしょう。

一方、西部のブリティッシュ・コロンビア州のワイン産地は北緯四九—五〇度、つまりドイツの主要なワイン産地とほぼ同じ緯度にありながら、山脈の風下となる条件によって雨量が少なく乾燥しており、夏は気温が高く、やはり夜は冷え込み、ブドウの生育に好適な条件となっています。

そのどちらの地域にも共通しているのは、一一月に入ると急に気温が下がりはじめ、朝方はマイナス二〇度を超えるようになることです。このような気候風土によって、カナダのワイン産地では、赤、白、ロゼの軽いタイプから深みのある十分なコクを感じる辛口ワイン、遅摘みによる甘口ワイン、そして凍るまで待って造られる、カナダの新たな特産品といえる甘口の甘美なアイスワインにいたるまで、実に幅広いタイプのワインが造られているのです。

キングサーモンを使った前菜にシャルドネ種を使った果実味豊かな白ワイン、メインディッシュには、カナダでよく食される鹿肉に、カベルネ・フランのスパイス香を含んだ赤ワイン。そしてメープルシロップを使ったデザートには、もちろんヴィダルのアイスワイン、などといったカナディアン・コースを試してみてはいかがでしょうか。

中国料理とワイン

最近、日本でもようやく中国料理店で、ワインを扱うところが増えてきました。もっとも、お寿司屋さんのカウンターで赤ワインを飲みながら、板前さんと魚のことではなく、ワインの話で盛り上がっているような時代ですから、中国料理店とワインは当然のことなのでしょう。

実際、中国の上海や香港、そして台湾やシンガポールなどでも、ワインは大流行。ブランデーを飲みながら食事をしている人の数が減り、テーブルの上には赤ワインが載っているのです。

また、逆の見方をすると、ワインをたくさん飲んでいる国、たとえばフランスでは地方のどんな小さな町に行っても、中国料理店やベトナム料理店があります。そこでフランス人が飲んでいるのは、やはりワインなのですから、相性がよくなければ、もしかするとフランスでは中国料理は広まらなかったのではないかと思ってしまいます。フランスでは中国料理とともに、どんなタイプのワインが多く楽しまれているかと周りのテーブルを見回すと、だいたいロゼと赤ワインが半々位の割合で飲まれているようです。

日常、ほとんど赤ワインしか飲まないフランス人にとって、赤ワインを何とでも合わせて飲むのはわかります。ですが、以前から食事中にロゼワインを飲むのは、たぶん地中海の海の幸を使ったブイヤベースや中国料理、ベトナム料理を食べる時くらいではないかと思います。さらに、ここ近年、辛口のロゼワインを飲む量が増えてきています。

とくに、フランス人が好んで注文するのは前菜にネムと呼ばれるベトナム風の揚げ春巻きで、親指大のものを、レタスとミントの葉で包み、ニョクマム（魚醬）と砂糖、レモン、人参《にんじん》などで味つけたタレにつけて食べます。メインには日本の洋食屋さんなどでよく見る、鉄板の上にジュージューのソースのかかった牛肉や鶏、豚などの炒《いた》めものを注文し、チャーハンや白いごはんとともに食べるパターンが多いようです。

したがってワインも、ネムには、ほんのりスパイシーな香りを持った、南仏コート・ド・プロヴァンスの辛口のロゼがよく合います。またジュージューの炒めものは、オイスターソースなどでやや濃いめに味つけられたものが多く、これには赤ワイン、とくに土の香りのするメルロー種を使ったボルドーのサン・テミリオンや、ポムロールといった地区のワインなどが、ソースの風味にも合うのではないでしょうか。

さて、フランス流ではなく、一般に中国の料理とワインは合うのでしょうか。その前に、まず中国料理とは、どのような料理なのかを考えてみると、たとえば日本料理は旨味と塩がキーポイントとなっている料理、西洋料理のベースは脂味と塩の料理ということもできます。とすると中国料理は、この二つの面を備えた料理といえるのではないでしょうか。たとえば、中国料理の味の基本となるブイヨンに（湯《タン》）は、鶏と中国ハムなどが使われ、鶏からは脂肪の旨味が、よく熟成したハムからはアミノ酸からの旨味が抽出されます。ちょうどチキンブイヨンと、カツオブシのだし汁を合わせたようなものとも考えられるのです。

したがって、中国料理の技法は、世界中の料理の原点となっているという考え方もできるのではないでしょうか。こうしたことから、中国料理とワインが合う接点は十分にあるのです。

つまり、ワインがよく合う料理の基本として、ワインの持つ酸味を加えるとバランスが良くなるようなタイプ。これには、脂肪味が感じられるような料理などがまずわかりやすいパターンです。次にワインの香りに感じられるハーブやスパイスのような香りを添えたくなるような料理で、とくにスパイスをよく使う中国料理にもその点で合うといえるのです。

しかし、中国料理といっても実に幅が広く、もう少し具体的に相性をみると、大きく五つのパターンに分けられるようです。まず、香菜などをたっぷり使ったり、緑色野菜を使うさわやかな味つけの料理には、緑色がかった色調が特徴のソーヴィニョン・ブラン種からのワインなどがよく、青い風味を、品種から生まれるハーブ的な香りや、柑橘類のようなさわやかな酸味が引き立てます。

またブイヨン、なかでも白湯《パイタン》をベースにした白っぽい色の料理には、シャルドネ種を使ったふくよかな味わいの白ワインがよく、とくに木樽で醸造したものの持つ香ばしい香りが白湯の香りに調和します。クリームを使った料理もこのタイプのものが合うでしょう。

そして、日本人が好んで食べるエビのチリソースのような、赤唐辛子や赤ピーマンなどを使った料理には、赤唐辛子の香りが感じられる辛口のロゼがおすすめです。また、春巻きのように揚げてキツネ色になったものにはやや色の濃い南仏やスペインのものなどが合うでしょう。

さらにオイスターソースや、中国味噌《みそ》を使ったブラウン系の色をした料理には、その調味料の持つ熟成による土の風味があり、ピノ・ノワール種やメルロー種など、枯葉や土の香りのする赤ワインがよく合います。

とくに醬《ジャン》の風味がはっきりした料理、たとえば、アワビのオイスターソースのようなものには、スペインのリオハのグラン・レセルバ、イタリアのバローロ、または、キャンティ・クラシコ・リゼルヴァ、ブルネッロ・ディ・モンタルチーノのように、木樽でしっかりと熟成されたレンガ色がかった色調の赤ワインが、その香りとよく合います。

つまり中国料理も、他の国の料理と同じように、仕上がったときの色と、ワインの色を合わせると良いのです。とはいえ、中国料理も日本料理のように皿数が多いので、一皿ずつにワインを合わせることはなかなか難しく、いつもそうですが、その日最も飲みたいものを選ぶのが、一番良い相性となるでしょう。

韓国料理とワイン

韓国では、今（二〇〇五年）まさにワインブームです。ソウル市内にもワインを飲めるスペースが次々とオープンし、輸入量も増えています。

ただし、ワインを飲む店は、フランスやイタリア料理店、フュージョン料理を提供する店がほとんどで、焼肉店であっても、伝統的な店のメニューにはワインは載っていません。

逆に、日本が、韓国ブーム、ドラマの影響が強いのでしょう。

もっとも韓国ドラマの飲食シーンにも意外と多いのが洋風レストランでワインを飲むシーンですが……。

韓国の焼肉ではない一品料理をだす店が、ここ数年でずい分増えてきましたし、数年前から、日本の食卓に登場するおしんこの単品で、最も多いのが、キムチ（白菜）ですし、冬の鍋の人気順位でも、チゲは常にトップ3に入っています。家庭料理にも、韓国料理は定着したと言えるでしょう。

そして、その意味では、韓国の伝統料理の店で、ワインが用意されている比率は、今のところ日本のほうが多いような気もします。

以前、ソウルに行き、ワインセミナーをした際、それぞれのフランスワインに対して、相性のよい韓国料理を合わせたところ、ずい分と驚かれました。

まず日本で、韓国料理と言うと、誰もがまっ先に想い浮かぶのが、焼肉です。カルビ肉をタレにつけて焼き、そのまま食べるのであれば、牛肉にスパイスをつけて焼いた料理とほとんど変わらず、赤ワインが合わないと考えるほうが不思議です。それに、一時おなかがふくれるビールを合わせるよりも、ワインのほうが肉をよりおいしく食べられることで、店からすると肉の売り上げが上がるのではないかと思います。

ただし、焼肉のタレには、糖分が加えられていることで、ワインのまろやかさが失われ、酸や苦味がよりクローズアップされてしまうことが少々欠点なので、赤ワインをセレクトする際、南仏産のように酸味が少なく、アルコール分が高く、フレーバーにスパイス香を感じられるグルナッシュ種を多く使ったような赤ワインや、オーストラリアのシラーズ、チリのカルメネーレやメルロー、アルゼンチンのマルベックなどをおすすめします。しょうゆの熟成した風味も含めると、スペインのリオハのレセルバ（三年以上熟成）なども良いでしょう。

また、牛タンなどのように、塩で焼き、レモン塩ダレでいただく場合は、赤ワインではなく、白ワインの、たとえば、さわやかなソーヴィニョン種と、まろやかなセミヨン種をブレンドし、木樽で醸造し、香ばしいロースト香が加わった、ボルドー、もしくは同じスタイルの辛口白ワインなども良いでしょう。肉のとくに脂身の風味が引き立ちます。最近流行の塩カルビなども同じことが言えます。

焼肉でも、韓国スタイルのプルコギはより甘い味つけがポイントで、先にでた、グルナッシュ種主体の地中海に面したエリアで造られる赤ワインも良いでしょうが、もっと良く合うのが、近年オーストラリアで増えている、赤のスパークリングワインです。シラーズ種を使ったタイプなどが多く、豊かな果実味と余韻のさわやかさが特徴的なちょっとめずらしいタイプのワインです。

さて、韓国料理とワインといって、きっと驚く方々の頭にうかぶのは、キムチとの相性でしょう。でも、実は、これがなかなかワインとよく合うのです。それも赤ワインと。

まずキムチは、漬け込んでいるうちに、乳酸菌によって、野菜のグルコースなどが乳酸に変化し、特有の酸味が生まれます。そして、この乳酸は、ブドウ果汁中のリンゴ酸を乳酸菌によって乳酸に変化させるほとんどの赤ワインや、一部の白ワイン、大部分のシャンパーニュなどにも共通しています。

さらに、キムチにはつきものの、赤唐辛子は、赤ピーマンと風味が似ているので、赤ワインのスパイス的風味ともよく合うのです。

辛味がワインの味をわからなくさせるのであれば、キムチそのものの味もわからないわけで、辛い刺激と味嗅覚は別のものです。

ただし、唯一難しいのは、漬け込む時に加えられる沖アミなどの塩辛ではないでしょうか。ならば、ある程度熟成が進んだ、たとえばキャンティ・クラシコのリゼルヴァやリオハのグラン・レセルバを合わせます。また、バルベーラ種などのように酸味のしっかりとした赤ワインもおすすめです。

また、キムチを調味料的に使うチゲ（鍋）や炒めものは、スパイスや酸味、ガーリックなどと同じように考えると南仏、チリ、アルゼンチンの赤ワインなどにもよく合うでしょう。

日本で知られている韓国料理、そして現在一般に韓国で食べられている料理には、唐辛子が多く使われています。これらの料理には、先に書いたように、辛さは、あくまでも刺激なので、相性は、それ以外の風味に対して考えることにして、それでもある程度、その辛さを溶け込ますために、アルコール分に富んだボリューム感のあるワインが全般によく合うと言えるでしょう。

オーストラリアや先のチリ、アルゼンチン、そしてカリフォルニア、スペイン、ポルトガルなどの地区のワインなどいろいろと試してみてください。

チョコレートとワイン

ずっと以前、ワインと合わない食べ物というと、卵料理、サラダ、ヴィネガーを多く使ったマリネなどと共に、チョコレートも実はそのひとつでした。

しかし、チョコレートが大好きで、レストランのデザートメニューにチョコレートを使った一品がないなどというのはあり得ないといわれるフランスで、チョコレートに合うワインがない、チョコレートにワインが合わないということ自体が、食卓の愉しみを奪う重大なポイントだったのでしょう。

その合わない理由は、チョコレートの多量に含むポリフェノール類で、赤ワインのそれをはるかに超えることから、どんなタイプのワインでもチョコレートと共に味わうと、苦味が増し、また甘味によって、甘口ワインでさえも酸味がひじょうに強く感じられ、どちらもバランスをくずしてしまうということでした。

そして、その難題であったチョコレートに対し、彗星《すいせい》のごとく現れたのが、南仏、スペイン国境に近いバニュルスと呼ぶ港町の背後に広がるブドウ畑から産まれる甘口ワインで、醸造中に、ブドウから造ったブランデーを加え発酵を途中で止め、自然の甘味を多く残す天然甘口ワイン（酒精強化ワイン）。その名も町の名と同じバニュルスと呼ぶワインでした。

白もロゼも少量造られていますが、主体はグルナッシュ種を主に造った赤ワインで、アルコール分は一八―一九％。糖分も多く、同時に渋味成分であるポリフェノール類も多いこのワインは、チョコレートのそれらになんら屈することなく、対等に向かい合い、そして、みごとな相性を愉しませてくれます。

そのチョコレートとの相性の提案以来、小さな港町で造られていた町の特産品は、あっという間に世界中の食通達から支持され、ここ日本においても、ちょっとしたレストランではサービスされるようになりました。

ちなみに、ほとんどの店でグラスワインとして販売されているので、ぜひデザートの時にたずねてみてはいかがでしょうか。チョコレートの風味が何倍にも華やかに広がります。

また、バニュルスの近くにあるモーリーと呼ぶワインも同じ天然甘口ワインとして知られていて、やはりチョコレートによく合います。

　そして、どちらかと言えば、同じタイプでより歴史のあるポルトガル産のポートワイン。とくに、ルビーポート系のレイト・ボトルド・ヴィンテージや、ヴィンテージ・ポートなどはやはりポリフェノール類が豊富で、チョコレートのボリューム感とも十分対応でき、風味の調和も豊かに広がります。

　チョコレートにワイン、となると他にはやはりなかなか難しいのですが、ワイン以外だと、昔から言われているようにブランデー、とくに熟成が進むとほのかにチョコレートの香りが感じられるアルマニャックなどが香りの点で調和します。

　さらに、甘味を多く含むリキュールには、ほとんどオールマイティーです。たとえばオレンジ風味のグラン・マルニエやコワントロー、ハーブを多く使ったシャルトリューズやベネディクティン、そして、チョコレートに添えてある他の素材によって、カシスのリキュールやラズベリーのリキュール、ピーチのリキュールなどを合わせたり、または、フルーツをベースにしたホワイトブランデーなども相性の幅を広げる材料となり得ます。

　食事の最後を演出するチョコレートと共に、もしそこにピッタリの飲み物が添えられれば、その演出はさらに華やかなものになるでしょう。

第二部——●

日本の食卓でワインをどう愉しむか

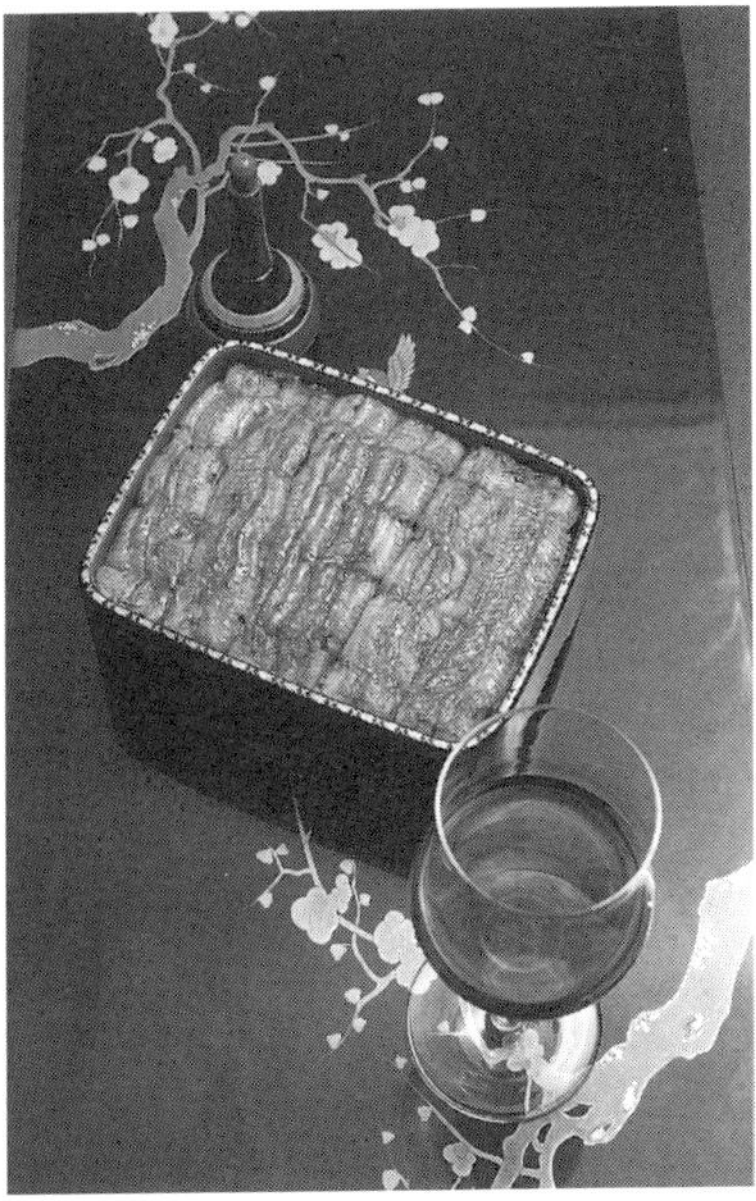

日本そばと甲州ワイン

秋、ブドウが実る時季に勝沼を訪ねると、ブドウ棚一面に広がった葉の下に鮮やかなローズヴァイオレット色の顆粒《かりゅう》の房が、陽を浴びて、まるで水晶のブローチのように輝いて見えます。このブドウが甲州種で、山梨県勝沼で生まれたのが、およそ一二〇〇年前といわれています。

まさに、日本でもっとも古くからある醸造用ブドウといえるでしょう。しかし、このブドウからワインが造られたのは、明治時代に入ってからで、ワインの歴史としては一三〇年足らずしか経過していないのです。

山梨県には、この甲州種を栽培している農家の方々がたくさんいらっしゃいます。栽培農家で採れた甲州種のほとんどは、地元の大手ワインメーカーなどにブドウのままで売られていきます。

しかし、農家によっては、幾分かの量のブドウを残しておき、それを使って、自分たちの手でワインを造ります。それを一升瓶に詰めて、次の年のワインが仕上がるまでの一年間のほとんどを、自宅で晩酌用として楽しんでいるのです。

以前に何度か、農家の方々の晩酌の席に呼んでいただいたことがありました。そこで飲まれていた一升瓶ワインは、ある所ではそばつゆを入れる「そばちょこ」を、また別のところでは、湯飲み茶碗《ちゃわん》をグラスの代わりに使いますが、いずれも、なみなみと注がれ、楽しまれていたのです。さらに、おつまみとして、どちらにも野沢菜のおしんこが添えられていました。この手作り一升瓶ワインと、奥さまたちの手作りおしんことの相性はよくどちらの個性をも引き出し合っていたのです。

ところが、この一二〇〇年も続いている日本固有の甲州種の栽培面積は、少しずつ減ってきてしまっています。その最も大きな要因の一つは大手メーカーが、醸造用のブドウを甲州種からフランス産のカベルネ・ソーヴィニョン種やメルロー種、シャルドネ種などに移してきたことです。そのために、契約栽培農家に対しても、甲州種から外来種への切り替えを勧めていたからなのです。

もちろん、ワインメーカーが今、市場で好まれているタイプのワインを造りたいと思う気持ちは当然です。現にカリフォルニアや、チリ、オーストラリア、南アフリカなども、フランスのボルドー、ブルゴーニュの両メジャーワイン産地のブドウを植え、成功しているのですから……。

確かに山梨県を含め、日本のほかの地域でも、ヨーロッパ系のブドウがよく育つところはたくさんあります。しかし、イタリアなどでは、一時期、フランス系の品種の栽培面積を増やしていきましたが、今また元の原種に戻りつつあるのです。

なぜかというと、個性を大切にすべきだと考えたからなのでした。そこがワイン造りの歴史の浅い新大陸の産地とは違ったところだったのです。

つまり、ヨーロッパ内において、限りなくフランスワインに近い風味のイタリアワインであれば、フランスのワインでいいのですから。日本でも最近、このことに気づいたメーカーが少しずつ増えてきました。

ヨーロッパ系ブドウの栽培や醸造によって得た経験があり、何よりも、それによって得た市場の反応が、再び、甲州種のワインに対して目を向けるきっかけとなったのでしょう。以前、山梨でワインメーカーの方々と、特産品を味わいながら、ヨーロッパ系品種で造られたワインと、甲州種の昔からあるやや甘口のワインを用意して、料理と合わせてみたことがあります。

　その集まったメーカーの方々のほとんどは、ヨーロッパ系品種からの、とくに赤ワインに自信を持っている人たちでした。しかし、山梨でずっと食べ続けられている料理のほとんどに対し、最も相性の良かったのは、甲州種のワインだったのです。それは、そこにいた誰もが認めた結果でした。

　一般に、甲州種を使ったワインは、香りにチェリーや梨のような果実香と、ブドウの白い花のような香り、そして、ほのかに柿の葉のようなミネラルを感じます。味わいは辛口に仕上げられているものや、オーク樽《だる》の新樽で醸造しているタイプは、全体に木からのヴァニラ香やロースト香を感じます。

　また、やや甘口から、甘口に仕上がったタイプは、柔らかくバランスのとれたまろやかな印象を感じます。この味わいが、たとえば、かぼちゃを使った「ほうとう」のような、甘味を持ったふくよかな料理と、実に相性良く調和するのです。

　さらに鶏《とり》と人参《にんじん》、里芋などを炊き合わせたものなど、砂糖やみりんによって甘めに調理された料理の味を、そのままの印象で、より一層、より繊細に、かつより深みを与えるような相性となります。

では、そばとの相性はどうでしょうか。そばの香りに対しては、柿の葉の枯葉のような香りを感じる甲州種のワインの風味が、ピッタリと調和します。山梨でざるそばを食べた時に、残りのそばつゆのなかに、そば湯の代わりに甲州種のワインを入れて飲んでみたところ、これもまた実に柔らかな味わいのスープとなったのです。

この、まさに日本の風土で生まれ、日本の食卓に合うワインを、他の国のワインと比較して、どちらがいいか、などと語る必要などまったくありません。日本流のワインの楽しみ方として、料理と一緒に、海外の人たちにも勧めてあげたいと思うのです。

そして、この甲州種以外にも、日本生まれの、ブドウから造られたワインがあり、それらの個性は、やはり、どことなく、日本の食習慣にマッチするものを持っているのです。

うなぎ料理とワイン

日本の夏の風物詩のひとつであるうなぎの蒲焼《かばや》き。こうしたうなぎ料理にワインを合わせるというと、ずいぶんと驚く人がいます。

以前、うなぎの蒲焼きをタレと一緒に赤ワインで再度煮込んだところ、あるうなぎ屋のおかみさんから、秘伝のタレに赤ワインを加えるなどとんでもないと、お叱りの手紙をいただいたことさえありました。

ただし、もちろんその赤ワイン煮に使った蒲焼きは、スーパーなどで冷凍パックで市販されているものを使いました。より柔らかく、かつワインに合うように紹介したのであって、決して専門店から買ってきたものを、わざわざ調理し直そうなどとは、考えたこともありません。

そもそも、うなぎというと日本の伝統的食材というイメージがあるようです。しかし、ヨーロッパにもうなぎ料理はたくさんあります。しかも養殖しない分、すべて天然ものを使うので、味に深みがあり、香りも個性たっぷりのうなぎが味わえるのです。

なかでも好きな料理が、フランスのロワール地方やボルドー地方などでつくられているマトロット・ダンギーユ、つまりうなぎの赤ワイン煮です。これは丸のまま五センチほどにブツ切りにしたうなぎを、野菜とともに赤ワインに漬け込んでおき、そのまま煮込んでいくといった地方料理で、これがまたその土地の赤ワインとよく合います。

でも日本、とくに家庭でこのうなぎのマトロットをつくろうと思うと、活《い》きた丸のままのうなぎを手に入れなくてはなりません。近くの魚屋さんに注文すれば、手に入れることはできますが、一般には扱うのが難しい食材だと思います。

それでも、あの味を何とか食べたいといろいろ考えた末、最も手に入れやすい市販の蒲焼きを、そのまま使ってしまうことを思いついたのでした。

その方法はフライパンにうなぎのタレと粉山椒《こなざんしょう》を入れます。次いで赤ワインをコップ一杯程度加え、火にかけ、沸騰したところで蒲焼きを入れ、アルミホイルなどで落とし蓋《ぶた》をし、三分ほど加熱します。

すると、ちょっと硬めだった蒲焼きが、ふわふわの状態となり、そのまま、洋皿の真ん中に盛りつけます。そして、フライパンに残ったソースを、もう少し煮詰めてから、うなぎ全体にかけてできあがり。もちろんナイフとフォークで食べるのです。

いかがでしょうか、食べてみたいと思いませんか。先日、この料理をテレビで紹介したときに、同じ蒲焼きを使って、もう一品つくってみました。今度はフライパンに白ワインを入れて加熱し、沸騰したところに蒲焼きを入れ、やはり三分ほど蒸し煮にします。

その間に皿の上にサニーレタスやマーシュ、ロケットサラダなど、青いサラダを平らに盛りつけておき、蒸し上がった蒲焼きをその真ん中に置きます。

さらにボウルに、グレープフルーツジュースとレモンジュース、塩、こしょうとオリーヴオイルで、好みの味つけのドレッシングをつくります。そして、そのドレッシングを全体にかけて、うなぎの温製サラダのできあがりです。

この料理には赤ワインよりも、さわやかな酸味を持った白ワインのほうが、より相性が良いでしょう。

となると、普通一般に食べているうなぎの蒲焼き、もしくはうな重に、ワインは合わないのかと思う方も多いはずですが、それはとんでもないことで、焼きたてのふっくらと仕上がった蒲焼きにも、もちろんワインは合うのです。

では、どんなタイプのワインが合うかというと、まずポイントは、タレの甘味としょうゆの焼けた香り、そしてうなぎの皮や脂の、土のような風味を考えていきます。

すると、まずタレの甘味を引き立てるためには、酸や渋味を強く感じるものよりも、ふくよかなボリューム感を感じるタイプが良く、かつしょうゆの焼けた香りに合うのは、やや熟成した赤ワインの持つヨード的香りや、枯れ葉の湿ったような、植物の発酵したような香りを持ったタイプ。そして、うなぎの土のような香りにも合う、オリエンタルなスパイスのような印象を備えたワインというイメージができあがります。

となると、まず頭に浮かぶのは、ブルゴーニュを代表とするピノ・ノワール種を使ったボリューム感のあるワイン。ただブルゴーニュのワインで熟成感を感じるタイプとなると、なかなか価格的にうなぎと釣り合いを取りづらいところもあります。

そのときは、オーストラリア産のピノ・ノワールを使った、ふくよかな赤を合わせます。また、スペインのリオハ地方の赤、それもレセルバと呼ばれる熟成味を備えたクラスのワインが、先のイメージをすべて備え、かつ価格も二〇〇〇―三〇〇〇円と手頃だと思います。

また、たとえば、キモ焼きを食べるときには、あのキモのレバーのような香りと独特の旨苦味《うまにがみ》を引き立たせるのに、赤ワインでも、よりスパイシーな甘苦味を後味に感じるような、南仏の太陽の恵みをいっぱいに受けた赤ワインがよく合います。

白焼きの場合、もしわさびと塩で食べるのであれば、ソーヴィニョンを使ったさわやかなハーブの香りのする白ワインを。またわさびとしょうゆで食べるのであれば、ロワールの赤ワインのように、木の芽の香りを持った軽快でフレッシュな赤がよく合うでしょう。

ただし、このように書くと、そのワインしか合わないのかと思う方も多いのですが、最終的に相性とは個人の好みです。いろいろと試しながらのほうが、逆にどれが本当に合うかを確認ができると思います。

松茸料理とワイン

春から夏にかけての森の香りは、新緑の影響もあって、ハーブなどのグリーンな香りを感じます。一方、秋から冬の森には、枯れ葉や樹脂の香りが漂い、心を穏やかな気持ちにさせてくれます。その秋の香りをつくる要素のひとつが、枯れ葉のなかや木の切り株から顔を覗《のぞ》かせる木の子の香りなのです。

木の子は菌類、つまりカビの仲間ですので、香りのなかにも、それを感じます。とくにカマンベールなどのチーズについている白いカビの香りや、ワイン蔵などに発生する黒いカビの、土のような香りなどを見つけることができます。さらにその名前の示すとおり、樹脂や枯れ葉の香り、有機物を多く含んだ良い土のような香り、また木の種子であるナッツ類の香りなども感じられます。

木の子には、それぞれ個性がありますが、とくに味覚よりも、香りに大きな違いを感じ取ることができます。たとえば、フランス料理の三大珍味のひとつであるトリュフには、どことなく動物的な香りを感じ、肉を主食とする欧米人には、非常に好まれる香りですが、日本人にとっては、難しい香りといわれています。ですが、松茸《まつたけ》に感じる松やにのような香りは、松や杉などの木の香りを好む日本人に、喜ばれるものといえるでしょう。

さて、秋の味覚の代表ともいえる松茸は、アカマツなどの林に生え、日本では、ほぼ全国で収穫されています。また最近では韓国や中国産、さらにはカナダ産なども出回り、手頃な値段で入手できるようになりました。

料理法も多彩で、土びん蒸し、焼き松茸、揚げもの、てんぷら、ハモと松茸のシャブシャブ、すき焼きなどのほか、酢のもの、和《あ》えもの、炒《いた》めもの、松茸ごはん、と何とでも合わせることができます。

先にも触れましたが、松茸の特徴は、マツタケオールと呼ばれる木の子特有の芳香成分と、松やにのような樹脂の香り、そして、独特の繊維質な歯ごたえと、旨苦味《うまにがみ》ともいえる味わいなどにあり、これらの風味を生かした料理法が考えられています。

この松茸に合う飲み物というと、すぐにイメージから日本酒ということになるのでしょう。それも、山廃仕込みの純米酒で、少し熟成香の感じられるような伝統的なものは、香りに共通点があり、味わいの旨苦味もマッチします。三五―四〇度のぬる燗《かん》などが適しているでしょう。

しかし、ワインにも合うタイプのものが少なくありません。とくに香りの点では、ワインも元々は植物で、植物が熟成の果てに、枯れ葉のように土に返っていくのと同様、ワインもボトルのなかで熟成が進むにつれ、白ワインも赤ワインも次第に枯れ葉や土、そして木の子のような香りを感じるようになります。そして、トリュフのようになった時が、熟成のピークという見方もできるほどです。

その土や木の子、腐葉土などの香りを感じるには、ある程度長い期間、木樽で熟成された後、ボトルで熟成を進めたタイプのもので、白ワインならば、フランスのブルゴーニュ地方、なかでもムルソーなどはその代表的なタイプで、熟成によって白い木の子、とくに白トリュフのような香りを感じます。その多くは、木樽で熟成する際に、新しい樽を使うため、焼けた香ばしい香りを感じ、松茸を揚げたりした料理とよく合うのです。

このムルソーに似たタイプとして、シャサーニュ・モンラッシェ村のもの、また、ずっと南に下がり、コート・デュ・ローヌ地方のエルミタージュの白も、長期熟成をさせて楽しめるタイプで、やはり木の子の香りを感じます。さらには、スペインのリオハの白のレセルバやグラン・レセルバなども長期の樽熟成を行い、熟成香としては、白ワインのなかで最も複雑なタイプであるともいえるでしょう。

また白ワインのほかに、シャンパーニュもよく合います。どちらかというと熟成感の強いクリュッグやボランジェ、ルイ・ロドレールなどといったメーカーのものには、やはり、木の子やロースト香、そして、ほんのりとしょうゆのようなフレーバーを感じるため、とくに焼き松茸によく合うのです。焼き松茸には、よくすだちを添えますが、シャンパーニュの心地良い酸が、その代わりをするかのように、ビン内熟成によって生まれた旨苦味も松茸のテイストとマッチします。

さらに赤ワイン好きの方々のためには、取って置きの料理方法があります。それは松茸のすき焼きで、やはり熟成香の強いタイプのワインを合わせるのです。

たとえば、先のスペイン・リオハ地区のレセルバやグラン・レセルバといったもので、トータル一〇年以上過ぎたものは、まさしく枯れ葉や土の香りをしっかりと感じ、テンプラニーリョ種の渋味は、いたってなめらかで、松茸の食感を引き立てます。

このようなタイプとしてはほかにイタリアのバローロや、バルバレスコなどのピエモンテ州の赤ワインがあります。またトスカーナ州およびイタリアを代表する赤ワインである、キャンティ・クラシコの熟成を長くさせたリゼルヴァや、同じ州内で醸造される赤で、最も長く熟成することが義務づけられているブルネッロ・ディ・モンタルチーノと呼ぶ長い名前のワインもあります。

そしてブルゴーニュのとくにコート・ド・ニュイの赤は、ボトルのなかで熟成するに従って枯れ葉やなめし革、トリュフの香りなどを感じるようになり、かつ渋味はシルクのようになめらかで、松茸の味わいに完全に溶け込むでしょう。

日本の秋を松茸と熟成ワインの香りとともに愉《たの》しみましょう。

ふぐ料理とワイン

ふぐを、下関では、ふく。そして漢字で書くと「河豚」もしくは「鰒」と書きます。

この猛毒のある魚を初めて食べた人は、どうなったのか、などと考えてしまいますが、きっと、何人もの人が命をなくしてでも、食べたくなる味わいであったのでしょう。日本では、有史以前から食べられていたようです。

現在は、調理技術も進み、誤っての事故は、まったくといえるほどなくなっています。また、養殖も盛んになり、手頃な価格で楽しめるようになりました。

ふぐの調理法というと、何といっても、てっさ、てっちりが有名ですが、この「てっ」とは、鉄砲のてっ、からきており、どちらも当たれば死ぬが、なかなか当たらないというところからきているとのことでした。

まずは「てっさ」。ふぐの刺し身のことです。ふぐの身は非常にしっかりしており、弾力性もあることから、それを透けるくらいの薄造りにし、菊の花や、扇、孔雀《くじゃく》の羽根などのような形にして絵皿に盛りつけるのが一般的で、箸《はし》でくずしてしまうのが残念な気もします。したがって、初めに手をつける人は、真ん中から食べるのがよいという人もいます。

食べるのにも、一枚ずつ味わいながら食べる人と、一度に一〇枚ぐらいをすくって一気に食べる人もいます。いずれにせよ、個人差があるので、ふぐの薄造りの場合、大皿に何人前かを盛り込むのも美しいのですが、食べることを考えると、銘々のお皿に盛ってもらうほうが気がねなく食べられるのに、といつも考えてしまいます。私は後者の一度に何枚も食べたいほうなので、相手のことを考えるとなかなか食べられないからです。

また、ふぐの刺し身は、薄造りではなく、厚く切るほうがよいという人もいます。こうすると、ふぐ自体の香りを十分に楽しむことができます。薄造りを何枚も重ねて食べると、ポン酢につける際、表面積が大きくなっているので、つい多めにつけてしまいがちで、ポン酢の風味が勝ってしまうことにもなり得ます。

一方、厚めに切ると、全体につけてもふぐの量からするとそれほど表面積は多くなく、一口目にポン酢の味が広がった後、かむごとにふぐの風味がより強く広がります。これに対し、数の多い薄造り派の人は、ポン酢の量を少なめにすればよいと反論しますが、この場合、一口目の風味がふぐとポン酢に分かれることになります。それも味わいですので、いずれにせよ自由に食べればよいのでしょう。

京都に、ふぐのぶつ切りと白子の生のぶつ切り、そして香りの高いあさつきを細かく切ったものをポン酢で和えて食べさせてくれる店がありました。私はその食べ方が、知っているかぎりでは、最高の味わい方だと思っています。

それは、その店で開かれた、ワインを合わせてふぐを食べる会での経験ですが、その時、フランス、アルザス地方のリースリング種から造られる辛口白ワインで、一〇年ほど熟成が進んだものを合わせ、完璧《かんぺき》であったのも記憶しています。

ふぐの味を表現するとき、ほとんどの人は歯ごたえがあっておいしいと言います。ですが、歯ごたえのみがおいしいのであれば、他の物でもよいはずなのに、肉料理の場合は柔らかくてトケてしまうような食感のものをおいしいと言い、歯ごたえがあっておいしいとは誰も言いません。ふぐの味わいは、海中の砂や、海藻の香り、ミネラルの風味と味わいにジューシーな旨味がじんわりとにじみ出てくるのを感じることにあると思います。

そのふぐの味と、あさつきの香り、そしてすだち汁を寝かして造ったポン酢の香り、シャープな酸味がふぐの淡白な味を甘くさせ、旨味をより上品な味へと変えていきます。

そしてさらにその「てっさ」を引き立てるワインのタイプとして、リースリング種を選んだのは、リースリング種の持っている特有のミネラル香が、そのふぐの香りによく似ていること。それに酸味がシャープなので、ポン酢との相性も良く、また、冷涼な地域で造られたものは、ほんのりと清々《すがすが》しいハーブの香りを感じ、あさつきとのコンビネーションも良く、したがって、てっさの風味をそのまま長く、より広がりを与えるのに効果的といえるのです。

先ほど、アルザス地方のリースリング種と書きましたが、ほかに、ドイツのリースリング種のトロッケンやセレクションと呼ばれる辛口のタイプ、または、オーストリア、ヴァッハウ地区の酸味のよりシャープなタイプなども良く、とくにリースリング種は、熟成が進むほどミネラルの香りが強くなっていきます。そのときの風味を、テイスティング用語では肯定的な意味で重油香なども言います。要するにふぐに感じる海の砂の香りにもどこか共通している印象があるのです。

さて、ほかのふぐ料理とワインの相性ですが、全体を通して、リースリング種から造られたワインはよく合います。ただ、たとえば、てっちり、つまり、ふぐのちり鍋《なべ》は旨味成分がスープのなかに十分に出ているので、シャンパーニュがよく合うのではと思います。

とくに、ブラン・ド・ブランと呼ばれる白のシャルドネ種のみから造られたものは、黒ブドウも使われる一般のシャンパーニュに比べ、香りがよりさわやかで、ミネラル香が上品に感じられます。また、とくに年号の入ったものが良く、ボトルのなかで長い間、酵母とともに熟成をするため、アミノ酸の旨味が繊細にワインに溶け込んでいるからです。

したがって、ふぐの上品な旨味と絶妙にマッチし、シャンパーニュの熟成を経たまろやかな酸味は、ポン酢を必要としないほどに料理と相性がよく、後の雑炊の米のクリーミーさともよく合います。

ぜひ、ふぐとワインをお試しください。

てんぷらとワイン

てんぷらとワイン。この相性をあえてここで書かなくても、すでにほとんどのてんぷら屋で、ワインは提供されています。

sushi同様、tempuraもすでに多くの国々で市民権を得ていますし、このふたつを比べると、寿司《すし》よりはてんぷらのほうが、ワインに合うだろうと思える日本人は多いはずです。

それでは、実際にてんぷらにはどのワインが合うのでしょうか。それは、どちらかというとてんぷらにするネタの違いよりも、てんぷらの食べ方にポイントがあります。

たとえば、てんぷらを、惣菜《そうざい》売り場から購入し、しょうゆに直接つけたり、かけたりしてごはんのおかずにする場合、ワインは少々難しくそのままつまみにするのであれば、やっぱり日本酒が良く合います。

それでは、天つゆに大根おろしはどうかというと、天つゆの甘味と旨味に大根の自然な甘味、さらにミネラル感を考えると、これもピッタリくるのは、ぬる燗にした純米酒などがよさそうです。

だとすると、てんぷらとワインの相性を愉しむには、まず、てんぷら屋で食べるような揚げたてに塩をつけていただく方法から試してみることにします。

てんぷらに塩というと、もうひとつ添えてあるのがレモンです。レモンの香りや酸味が衣の油の風味をさわやかにし、素材の淡白な旨味をより甘く引き立てます。したがって、よりシンプルに相性を考えるには、レモン的印象を持ったワインを合わすと良いということになります。

そうなると、タイプとしては、フランス、ロワール地方の辛口白ワイン、ミュスカデなどが良いでしょう。また、白身魚やイカ、根菜類のようにミネラルの風味が感じられるネタが多いので、その風味とレモンのようなさわやかな酸味を備えた、リースリング種を使った白ワインで、たとえば、フランスのアルザス地方やドイツ、オーストリアそしてオーストラリアのクリアー・ヴァレー産の辛口タイプ。

また、天つゆと大根おろしとの組み合わせに、もしワインを合わせるのであれば、ドイツのやや甘口に仕上げられたカビネットやシュペトレーゼ、さらに、山梨県産の甲州種を使ったやや甘口の白ワインも良く合うでしょう。

ではネタ別に見てみましょう。てんぷらを代表する海老《えび》を考えてみると、さわやかさよりも海老の甘味を引き立てる意味からも、辛口白ワインで乳酸菌によってブドウに含まれるさわやかな印象を感じるリンゴ酸をまろやかな味わいの乳酸に変化させたタイプ。フランスのブルゴーニュ地方産白ワインのほとんどがこのタイプで、とくに、素材を重要視するならば、よりミネラル感を感じるシャブリなどが合うでしょう。

アナゴのようにその味わいが、よりふくよかで、風味も強く感じられるネタには、同じブルゴーニュ産のマコン・ヴィラージュなどのように、酸味がよりまろやかなタイプを合わせると良いでしょう。

春の山菜、なかでもたらの芽やふきのとうのように、青々とした香りとフレッシュな苦味を楽しむ素材には、ロワール地方のソーヴィニヨン種を使った、サンセールや同じ品種から造るニュージーランド、マールボロー地区の辛口白ワインなどが良く合います。

これまで合わせてきたワインは、ほとんどが白ワインで、どちらかといえば、素材の持ち味に対してセレクトしたものでした。

その視点を素材中心ではなく、とくにまわりの衣に合わせてみると、ボルドーやブルゴーニュ、南仏や他の国々で造られている、小樽醸造のワインが合ってきます。したがって、たとえば、てんぷらのコースの前半にリースリングの辛口を合わせ、後半には、ブルゴーニュの木樽醸造した樽の焼けた香ばしい香りを含んだタイプのワインを愉しむ、といった方法も考えられます。

さて、それでは、赤ワイン好きの方々はどうすれば良いのでしょうか。

銀座が本店の「天一」では、早くから塩と共にカレー粉が用意されており、好みで塩と混ぜて、てんぷらにつけていただきます。こうするとカレー粉のスパイシーさで赤ワインとの相性が良くなります。したがって、家庭でも同様の方法を試してみたり、またカレー粉やコリアンダー、五香粉などのスパイスをあらかじめ衣のなかに加えて揚げることもできると思います。

この場合の赤ワインは、軽やかでスパイスの香りがあり、酸味もある程度しっかりしているタイプが良く、ロワールのカベルネ・フラン種を使ったシノンやソミュール・シャンピニィーなどやボルドーのカベルネ主体の軽めのワインなどが良いでしょう。

また、ネタとして稚鮎《ちあゆ》のてんぷらなどは、はらわたの苦味が赤ワインのスパイシーさとよく合います。さらに、江戸前特有ですが、ギンポと言う別名ウミドジョウと呼ばれる風味の強いコクのある味わいの素材に、ピノ・ノワール種を使った軽めの赤ワインなどもおもしろい組み合わせでしょう。

そして、てんぷらコースの締めは、甘辛く煮詰めたタレに絡めたアナゴのてんぷらをのせた天丼です。山椒を添えて。

イタリアのヴェネト州産の陰干ししたブドウから造られたアマローネをぜひ試してみましょう。

第三部——●ワインの愉しみ、もてなしの心

良い年、悪い年、バースデーヴィンテージの話をしよう

二〇〇三年のボージョレ・ヌーヴォーの輸入量は過去最高を記録しました。その最大の理由は、異常なほど暑かった夏の天候を受けて「二〇〇三年はワインにとって最高の年になる」というメディアの報道でした。

たしかにこの年のボージョレ・ヌーヴォーは、例年にないほどの果実の凝縮感を持っていましたが、軽快で少し冷やして愉《たの》しめるというヌーヴォーらしさには欠けている、という見方もできます。

二〇〇四年の四月中旬、ボルドーを訪ねて約二〇〇のシャトーの二〇〇三年産ワインを樽《たる》のなかから抜いたサンプルをテイスティングしてきました。

印象を言えば、ひじょうに優れている銘柄も多かったのですが、逆にそうでないものもありました。二〇〇〇年のようにすべて（ソーテルヌ／貴腐《きふ》ワインを除く）の地区産のも

のが良かったわけではありません。したがって、二〇〇三年のボルドーは、しっかりと選ばなければならないとも言えます。価格もある程度高価なためより難しい年となりました。

　四月のボルドー訪問では二〇〇三年と共にビン詰めをひかえた二〇〇二年産もテイスティングしてみました。二〇〇二年はすでにほとんどが売れていましたが、昨年の評価ではそれほど高くなかったため、また二〇〇〇年が高すぎたことを受けて価格が抑え気味だったこともあり、手頃な値がついています。しかし、その品質はかなりレベルが高く、相当に買い得の年でしょう。ただし、市場に出回りはじめてから値が上がる可能性もあるので、早いうちに買うべきなのかもしれません。二〇〇一年も同様のことが言えます。

　このボルドーのヴィンテージ（年号、収穫した年）評価と価格のバランスは実におもしろく、とくに今では（八〇年代以降）一部のワイン評論家の意見が価格の上下に大きな影響を与えます。したがって、私の場合は彼らがあまり高いポイントをつけなかったワインのなかから良いものを探し、安価で買ったりするようなことも考えられます。

　良い年、つまり天候が良かった年でブドウに含まれる成分がより凝縮し、バランスの良いワインに仕上がった年は「偉大な年」と評されます。できあがったワインはより個性の強い、よりしっかりとした香りや味わい、色調を備えたものとなります。では悪い年はまずいワインができるのかというと、そうではありません。全体により軽やかに仕上がりますが、そのほうが合う料理もあるし、バランスさえ良ければ心地よく愉しめるし、なにより価格が安く、また飲みごろに到達するのも「良い年」より早いのもメリットです。

ヴィンテージというと、よくバースデー・ヴィンテージの話題となります。

「何年生まれですか？」

「一九四五年です」

「そりゃすごい年だな……でも高いぞ」

「それであなたは？」

「一九五八年です（これは私の年）」

「いや～可哀想に」

といった会話ですが、まずこの良し悪しはボルドー評のことを指しており、世界中を探せば他の産地では良い年にもなりえます。また、生まれた年は変えられないので他人に悪い年だと言われるのは余計なお世話というものであり、現に一九五八年産のボルドーでもなかなかおいしいワインもありますし、本人にとっては大切なものなのですから。

でも不思議なことに、こういった話題のときにふいに女性に「バースデー・ヴィンテージは？」と尋ねるとすぐに本当の答えが返ってきます。

ワインの価格の奥深いからくりを教えましょう①

世の中には絵画や宝飾品の値段のように、素人にはその価値基準がわかりづらいものがあります。

ワインもまさにそのうちのひとつで、日本国内の市場価格でも一本三〇〇〇円前後のワインから、一本（七五〇ミリリットル）一〇〇万円を超すワインまでが存在します。いったいこの数千倍の価格差は、ほんとうに価値の違いを反映しているのでしょうか、職業として扱っている自分自身でも疑問に思います。

とは言っても、最近では鹿児島の芋焼酎《いもじょうちゅう》や沖縄の泡盛など一部の銘柄についても同様で、市場価格が一本（一八〇〇ミリリットル）五万円を超すブランドもあるほどで、居酒屋で焼き鳥をかじりながらお湯割りにしてグイッと飲む価格では到底ありません。

しかしたぶん、この焼酎を造っている方々は、日常的な酒の席でいつもの肴《さかな》を味わいながら、仲間たちと気軽に楽しんでもらいたいと願って造っているはずです。だから、卸価格は一本二〇〇〇円前後なのに、メディアの評価などから取り扱い店が増え、生産量が少なくて品切れや入荷待ちになります。するとすぐに「幻の酒」となり、高値でも買う人が現れ、また高いことを喜んで飲むというよりも、高い酒を飲めることを自慢する人がそれらを消費します。でもまあこれは、なにも焼酎やワインに限らず、海外の高級ブランドのバッグをネットオークションで市場価格よりもずいぶんと高値で買う女性の中にも同類はいます。

別にこれが悪いわけではありません。ワインや焼酎、そして以前の日本酒もそうでしたが、このようなプレミアム商品が生まれることで、そのカテゴリー全体のイメージがアップします。現に鹿児島の芋焼酎のいくつかのブランドは、その質に関係なく（失礼！）品切れ、品薄です。

さて、ワインに戻りますが、ワインの価格も焼酎の例と同じように、必ずしもメーカーの卸価格がすでに高いのではありません。

たとえば二〇〇三年のボルドーのワインを例にとると、最高の年のひとつと評価をされた、シャトー・マルゴーのプリムール（初値）価格は、一三〇ユーロ（約一万七五五〇円）でした。これはメーカーから卸売業者への出荷価格です。そして中間の利益が上積みされ、日本の販売業者が現在扱っている価格は約四万円です。ただし、シャトー・マルゴー二〇〇三年は、まだ樽のなかで熟成中で、ビン詰めして出荷され、手元に届くのは二〇〇六年初めになります。でも今買わずに、その時期にワインショップで買えばさらに数十％高くなっているでしょう。この銀行金利よりも値が上がる相場を利用して、飲む目的ではなく資産運用を目的としている人たちも世界中に数多くいます。したがって、二〇〇三年産は一〇年後にはもっと高価になっている可能性があります。実際、八〇〇〇円ほどだった一九八二年産が現在二〇万円はしているような例があるのですから。

しかし、それらのボルドーのワイナリーで働く人たちが、彼らの日常の食卓で毎日飲むワイン一本の価格は二〇〇〇―三〇〇〇円です。

ワインの価格の奥深いからくりを教えましょう②

フレンチレストランを予約する際、その店の料理の価格はガイドブック等であらかじめ知っておくことが普通です。

しかし、料理が一人五〇〇〇円前後だと思って席に着き、料理の注文の後にワインリストが手渡された——なかを見てみると、一本五〇〇〇円くらいが最低価格で、上は数十万円のものまであって、つい一万五〇〇〇円くらいのワインを注文した。すると、サービス料や食前酒などが加わり、二人で三万円を超えてしまった……などといった経験をお持ちの方も多いのでは。

そして、このような経験をすると「日本はワインが高い！」ということになります。でも、日本のレストランで売られているワインの価格そのものはけっして高くはありません。

というのは、たとえばフランスの高級レストランで扱うフランス産の銘醸ワインの値は、日本のフレンチレストランでもほとんど同じか、場合によってはずっと安く楽しめるからです。これは、日本のレストランは仕入れ価格に対して二倍から三倍掛けて販売価格とするのに対し、フランスのそれは四倍から五倍が普通であることから、そのような結果となります。

ではなぜ日本のレストランのワインの価格が高いと言われてしまうかというと、それは同じ銘柄、同じヴィンテージのワインを比較してのことではなく、ほとんどの場合、最終的な勘定書に占めるワインの価格のことを指しています。

ワインの価格と味のバランスは、一般には高くなるほど個性や香り、味わいなどがよりはっきりと、より強くなります。その事実を知った上で、レストランでの料理の価格とワインの価格のバランスはどの程度がよいかというと、七五〇ミリリットル一本のワインの値段が料理単価とほぼ同じ価格というのが理想であると思います。つまり、五〇〇〇円で料理を食べられる店で選ぶワイン一本の価格は四〇〇〇―五〇〇〇円くらいからセレクトするとよいということです。

したがって先のような店は、客のことを考えたワインリストとは言えず、ソムリエのコレクションとなってしまっています。

以前ある店に行った時、赤ワインのリストを見ると、四〇〇〇円から一〇〇〇〇円単位で一種類ずつ二万円までのワインを揃えていました。一見、客に対して選択肢が多く良心的なリストのようにも思えるのですが、実は反対で、予算が決まっている客にとってはその選択肢は一種類しかないことになります。

良いワインリストとは、その店の料理の一人分単価と同程度の価格のワインが充実しているもので、その価格を中心に前後に幅を持たせてあるようなリストだと思います。もちろんワイン愛好家のための極上のワインが別に揃えられているのは、これには含まれません。

フレンチやイタリアンレストランに行かれた際、ワインリストを見てぜひこの点をチェックするとよいでしょう。そして初めての店ならば堂々と価格の手頃なワインを注文すべきです。なぜなら高いワインは良いのが当然で、逆に手頃な価格に対してより品質の高いワインを選ぶことのほうが難しく、その店の実力を知ることができるからです、そして、そのワインとそのサービスが申し分なければ、とっておきのときにも利用することができる店だと言えます。

ワインのコルクの将来はいったいどうなる？

今、世界のワイン業界で最も注目を集めている話題は「スティルヴァン」と呼ばれる新たなボトル栓の賛否についてです。

レストランでワインを注文したホストは、そのワインがゲストにサービスされる前に、いわゆるホスト・テイスティングを行います。

この少量注がれたワインを口に含んで、ソムリエにOKを出す行為を知っている方は多いですが、いったい何のために行うのか？　そのワインの味がどのような状態であれば交換するべきなのか？　を解っている方は少ないです。

これは、主にワインの栓に使われているコルクの汚染によるワインの品質劣化をチェックするために行う大切な行為であり、それがホストの役割なのです。

このダメージは、実際流通しているワインの五―六％や七―八％とも言われており、つまり一〇〇本に七、八本含まれていることになるのですから、一ケース（一二本）のなかに一本くらいある可能性を示しています。

このダメージは一度体験すると、比較的見つけることが容易ではありますが、そうでないとほとんど判らず、多くの場合「こんなもんか」と普通に飲んでしまっています。

〝青カビ〟のような風味が感じられるので、ワインを味わうとき、とくに香りをよくチェックしていただきたい。この仏語で〝ブッショネ〟（コルク栓のことをブッションと呼ぶ）と言われるダメージがあれば、それは同じブランドの〝もう一本〟のボトルと交換します。このダメージは、何も安いワインにのみ見つかるのではなく、残念ながら、高価なワインにも含まれています。

だから、ホストはゲストに本物のワインのおいしさを愉しんでいただくために、責任を持ってホスト・テイスティングを行わなくてはならない、ということになります。

この問題は、最近とくに増えてきています。そこで考案されたうちのひとつが、「スティルヴァン」なのです。

つまり、これはスクリューキャップと同様のもので、ペットボトルのキャップとスタイルは変わりません。ただし、現在ワインに使われているものは、ずっと気密性が高いものです。

以前から安価なワインに同類のものが使われていましたが、これを高価なワインにも使っていこうというわけです。

メリットは〝ブッショネ〟がないことであり、また均一ではないコルクに比べ、品質がより安定するなどがありますが、問題点としては、いままでのようなワインの熟成が進まなくなるという点があります。しかし、十年位経過すると同じような方向へ進むという研究結果もでています。酸化するスピードは非常にスローになりますが、酸化と熟成は直接大きな影響にはつながらないという話もでています。

また家庭でワインを気軽に飲むために、あのわずらわしいコルク栓の抜栓を行わなくてすむが、かたや高級レストランでソムリエが物々しくワインの栓を開けるセレモニー的な抜栓ができなくなります。これは恰好優先のソムリエにとっては重要な問題なのです。

もしかすると近い将来、ボルドーの高級ワインがカチッと開けるだけですむ、「スティルヴァン」に変わっているかもしれません。皆様はどう思われますか？

ホスト・テイスティングの意味と効用とは

前項で、ワインのコルクについて書いたなかに、近年とくにコルク栓の汚染が広がり、コルクの替わりにスクリューキャップ（スティルヴァンなど）を使用するメーカーも増えてきていることについてふれました。

以前、パリに向かう機内でシャンパーニュを注文すると、まさにそのコルク汚染によるカビ臭がします。

しかしそのことを客室乗務員に告げても、ほかにすでに飲んでいる人たちもいて話がややこしくなると困るので、あえて何も言わず辛口白ワインを頼みました。すると、なんとそのワインもカビ臭がしたのです。

以前、そのことをチーフパーサーらしきクルーに伝えると、あまり快い顔をせず、渋々交換してくれたことがありました。なので、今回はやはり話すのをやめ、ワインを飲むのもやめておきました。

もちろん、このようなことは飛行機のなかだけではなく、レストランや自宅で飲むワインにも多いことです。しかし、別にそこのソムリエや従業員、買ったオーナーが悪いわけではありません。レストランや信頼のおけるワインショップであれば即座に交換してくれますし、もちろん無料です。

したがって、ここで重要になるのが、ワインを注文した人が行うホスト・テイスティングです。

ただし、機内でも周りの乗客はみな、シャンパーニュも辛口白ワインもおそらく同じボトルからサービスされたであろうものをごく普通に飲んでいたように、なかなか経験がなければわかりづらい。いや実際にソムリエのブドウのバッジを胸に付けている者でさえ、わからないことも多いのです。

どのような風味がするかというと、カビ臭と書きましたが、ワインを保存してある地下蔵に生える黒いカビの香り（臭《にお》いというべきか）ではなく、カマンベールの白いカビでもなく、ちょうど畳に青カビが生えたような臭いがし、少し飲んだ後にもその風味が残ります。正常なワインと比べるとあきらかに果物の香りは弱く、カビの香りが勝る。だが一本知らずに飲んでしまったからといって（かなり多くの方々がすでに何本分も飲んでいると思います）、別に体に害が及ぶことはありません。

話をホスト・テイスティングに戻しますが、その目的は、自分の好みに合うか合わないかをチェックするためではなく、また、連れの女性やソムリエの前で恰好《かっこう》をつけるためでもありません。したがって長々とグラスを回しながら、「森の枯葉の湿った香りがする……」などといったコメントをするためでもけっしてありません。つまり、その目的はほとんどひとつ、カビ臭に汚染されたワインを見分けることにあります。

しかし、やっぱりどんな風味なのかわからないかもしれません。それならホスト・テイスティングはどうしたらよいか。やらなくてもよいのでしょうか。

いや、やっぱりそれでも行うべきです。そうでないと、彼女の前で恰好が悪い。

そこで、もっともよい方法は、注がれたグラスを持って、さっとワインの香りを嗅《か》ぐ。すぐにグラスをテーブルの上に置き、「結構です」と答えます。

するとソムリエも彼女も「この人は香りだけで判るのか。なかなか通だぞ」と思うはずです。

ホスト・テイスティングの重要性は、相手に「今日はおもてなしをしています」ということの意思表示のひとつであるとも言えます。

ワインの保存方法のあれこれ

ワインがほかの酒類よりもやっかいに思えるひとつの理由に、その保存があります。でも実際には、日本人がもっともよく飲んでいるビールだって日一日とその品質は変化するし、日本酒も常温に置いていると変化するスピードはかなり速い。それなのにあまり気にする人は少ないし、現に酒屋さんでも一升瓶は普通の棚に置かれたままになっていることがほとんどです。

ワインの本を読むと、ワインを保存するために必要な条件は、温度が十五度前後、湿度七〇％以上、振動がなく紫外線を遮断し、臭《にお》いがないこと、などと書かれています。

こんな条件が揃うスペースなど、一般的な日本の家にはほとんどありません。昔の味噌《みそ》蔵や土蔵などがかなり近いといえますが、土蔵がある家でワインをたくさん買い込んでいることは少ない気がします。よく冷蔵庫はだめですか？　と聞かれます。すると少しワインを知っている人はすかさず、だめですと答えます。その理由は、まず庫内が乾燥していてコルクが乾いてしまうこと。そして、温度が低すぎて酒石酸がカリウムやカルシウムと結合してしまうと、酸味がボケた味になってしまうからと言うでしょう。

でも、ソムリエがいるような高級レストランの多くは、いつでもすぐに冷やした状態でシャンパーニュや白ワインを供出できるように、ほぼすべてのアイテムを少なくとも一本ずつ冷蔵庫くらいの温度で管理された「デイ・セラー」と呼ばれるスペースに入れておきます。ですが、それらのワインが常にすべて効率よく回転しているわけではないので、ものによってはかなり長い間、その場所に「保存」されていることになります。

逆に温度が高すぎる場合は少々問題です。でもその温度は二五度や三〇度くらいまでであり、それもゆっくりと上昇し、ゆっくりと下降したのであれば質への影響もそれほどではありません。仮に一気に四〇度を超え、またすぐに二〇度くらいに戻った場合のほうが、変質の度合いはずっと大きくなります。

そうなると問題は真夏の間となりますが、誰か人が住んでいるような環境ならば四〇度を超えることは少ないでしょう。しかし長期不在になるような場合は注意をしたほうがよいでしょう。とくに液体が膨張して吹きこぼれてしまうと、酸化が促進されてしまいます。

これを予防するには、ボトルを立てて置いておくと吹きこぼれる率が低くなります。それでも心配な場合は夏前にすべて飲んでしまい、また秋になったら新しく買うしかありません。

いずれにせよ、これまでの話はあるワインをできるだけゆっくりと品質変化（熟成）させるときに必要な知識であり、買って一ヵ月のうちに飲んでしまうであろうワインであれば、ビールや日本酒と同じようにあまり難しいことを考えずに気軽に愉しむほうがよいでしょう。

人にもらったワインを机の下に転がしたまま忘れていて、三—四年後に気がついて飲んでみたら、その熟成感がなかなか美味しかった、なんていうのもよく聞く話です。

人も過保護に育てればよいというものではないように、ワインだってワイナリーから旅立った後は、それぞれの育ち方や育てられ方によって一本ずつ違った性格になる、といったことを愉しめばよいのではないでしょうか。

ちなみに私の経営しているスペースでは、ワインは過保護に育てています。念のため。

ワインのヌーヴェル・ヴァーグがやってきた

ファッションの世界では今年の春は何色が流行するといったようなことを言いますが、ワインの世界にも最近は流行があります。

それは一九八〇年代からのワインジャーナリストたちの存在と彼らの発言が大きな要因となっているでしょうし、そこのところもファッションと似ているのかもしれません。

ある国、ある地方のある醸造家のワインが脚光を浴びると、そのワインのタイプを目指し追い越そうとする生産者が現れ、その土地に広がっていきます。その結果、地元の消費用に造られていた安価なものが主流であったワイン産業の方向性が外に向かうことによって、より高単価、高品質のワインが造られるようになります。今の日本の焼酎ブームにも同じことが言えるのかもしれません。

数年前のチリワインのブームがよい例です。もともと内需向けが主流であったため、量産をし安価なワインを造っていましたが、国外のワインメーカーがチリの気候風土を知り、よりよいワインを造りはじめ、販売先を世界の舌の肥えた愛好家たちにするために収穫量を抑え、ずっと高単価なワインが市場に紹介されるようになりました。

そのチリのワイン業界はさらに成長し、今はとくにカルメネーレと呼ばれる、ボルドー原産だがすでにボルドーではほとんど見られなくなった品種からチリらしさを押し出した特徴的な赤ワインが注目を集めています。このようなその国らしさを求めたワインの動きは世界中に広がり、隣のアルゼンチンでは、やはりボルドーが原産だが現地ではほとんど栽培されなくなったマルベック種を使った、豊潤な果実味を持った赤ワインが人気です。カリフォルニアでもジンファンデル種と呼ばれる南イタリアがルーツの品種が見直され、カリフォルニアらしさを表現しています。

ニュージーランドでは、白のソーヴィニョン・ブランはいまやフランスよりも香りに特徴がよく表れるとも言われていますし、南島のピノ・ノワールも本拠地のブルゴーニュ生産者が脅威に感じるほどの品質となってきています。

オーストラリアでは、南フランスでシラーと呼ぶ品種をシラーズと呼び、逆にこの名のほうが世界で認知されてきてしまったために、フランス国内でシラーズと呼ぶことを認めようという意見も出てきたほどです。

もちろん、伝統国であるヨーロッパの国々にも同様の動きはあります。

とくにおもしろいのは、世界三位の生産量を誇るスペインが、ここ数年のうちに一気に進化してきたことです。とくにテンプラニーリョやガルナッチャを使った赤ワインに、毎年新しいスターが誕生します。

ポルトガルもしかりで、伝統的な品種であるトゥーリガ・ナシオナルやトゥーリガ・フランカ、トリンカディラなどを使った濃厚な赤ワインが世界中に広がっています。

一時、ワインのキャラクターが世界中で同じ方向を向いてしまっているような時期もありました。しかしその時期に得た新たな市場が、技術や考え方の進歩を受けて、現在は各生産地のオリジナリティを求めるようになりました。これからますます興味の持てるワインが生まれてくるでしょう。まさにワインのヌーヴェル・ヴァーグ時代です。

ワインの適温は自分の好み次第

高級レストランでソムリエにワインを注文すると、白ワインやシャンパーニュだと氷の入ったクーラーに入れられて、テーブルに運ばれてきます。また赤ワインだとワインセラーから運ばれ、必要に応じてデキャンタなどに移し替えられ、テーブルの上に置かれます。しかし客が赤ワインをもう少し冷やしたいと思っても、ほとんど温度のことを聞かれることはないので、「赤は常温」の言い伝えを守り、リクエストすることはありません。このようなレストランでのワインの温度は、通常ソムリエのレベル（?）によって決まってしまっています。

話は少し変わりますが、ずっと以前に都内のある居酒屋に入ると、ドリンクのメニューに一本一九〇〇円のワインが数アイテム紹介されていました。

その中の一本の赤ワインを、おそらくアルバイトであろう店員に注文すると、その彼はすかさず「常温ですか、それとも冷やしたのになさいますか？」と聞いてきました。「えっ何で？」と聞き返すと、「赤でも冷やしたほうが好きな方もいらっしゃるので」と。

この答えは正直ショックでした。

ワインのサービスのプロフェッショナルであろうはずのソムリエが、なぜこんな簡単なことに気がつかないのか。そしてワインを飲むための温度は、アドバイスはしたとしても最後に選ぶのはお客様であるという、サービスを行ううえでの基本であることを……。

赤ワインの常温は、食事時に快適に感じる二三度の室温のことではなく、夏でもひんやりとしたヨーロッパの室温の一八度くらいのことを指しています。だから日本の部屋（レストランなど）の温度ではすでに高すぎるのです。

また、赤ワインは冷やすことで甘味度合い（甘味を感じる感覚レベル）が下がり、とくに渋味の収斂性《しゅうれんせい》が増してしまうということだけ憶《おぼ》えておけば、あとは好みでも構いません。どちらかというと、冷やしめから始めて少しずつ温度がグラスやボトル、デキャンタのなかで上がっていきながら、その風味の変化を確認し、自身の好みを決めるほうがよいでしょう。

また、氷の入ったクーラーに白ワインやシャンパーニュなどをずっと浸《つ》け込んでおくと、液温は五度以下になってしまいます。この温度だと、夏場に涼をとるためにビールを喉《のど》に流し込むための温度となってしまい、せっかく高価な白ワインもただの「冷たくておいしい」ワインになってしまいます。香りや風味をより愉しむのであれば白ワインも、冷やしすぎは禁物です。

ただし欧米の人たちに比べると、冷たいものは冷たく、熱いものはより熱くが好きな日本人は多く、とくに飲み物も同じように冷たいものは冷たく、一杯目ならなおさらと思うのであれば、欧米の嗜好《しこう》に合わせる必要はありません。

いずれにせよ、日本酒もそうであるように、ワインにしても「自分の好み」を大切にして、とくに風味の変化を愉しむためにも、ワインの温度はいろいろと試していただきたいと思います。

ワインと健康の関係はポリフェノールだけじゃない

一九九七年から九八年にかけてのワイン、とくに赤ワインの大ブレイクの主役は、ポリフェノールでした。ポリフェノール類は、ブドウの種子や果皮、果梗《かこう》そして熟成させるオーク樽などに含まれている成分で、カカオや茶、また赤や黒ぽっい色素を持った果物や野菜などにも含まれています。

このポリフェノールの抗酸化作用などによって、動脈硬化が予防できるといった「フレンチパラドックス」に端を発する研究の成果や、ガン細胞の発達を抑制できるとか、ボケ予防にも効果的、さらにインフルエンザも防ぐ効果があるなどと次々と「薬効（?・）」が発表され、赤ワインが一時売り場からなくなる現象まで出現しました。そして白ワインについても、抗菌性による風邪予防から始まって、またまた次々に「薬効（?・）」が発表されました。

もっとも、健康志向がとくに強い日本人は次に焼酎がブームになるとワインの「薬効（？・）」などすっかり忘れて、巷《ちまた》にはまた新たな薬効ブームが広がっています。

しかし、やっぱり酒は酒。フランス南部のプロヴァンスやラングドックの地方の人々は、たしかにコレステロールの多い羊肉をよく食べながら動脈硬化などの心臓疾患で亡くなる率は低いといいます。これをフレンチパラドックスといい、ワインの効能に注目が集まるもとにもなりました。でも意外と高いのが肝臓の疾患で亡くなる人の率――つまり、アルコールのとりすぎです。ただし、それはワインのせいばかりでなく、パスティスと呼ぶ、八角や甘草《かんぞう》を使った四〇―四五度のアルコール度数を持つ南仏産のリキュールを朝から飲んでいる人たちの多いこともまた事実なのです。

と言い切ってここで終わってしまうと、ボクは失業してしまうことになりますので、ここからが本当の意味でのワインと健康の話。

奄美《あまみ》諸島や沖縄に行くと、一〇〇歳を超えた元気なおじいちゃんやおばあちゃんに会います。また、イタリアの南部なども長寿の人が多いと聞きます。そして、この両地域の長寿の人たちの多くは、ほとんど毎晩、少量の黒糖焼酎や泡盛、そしてワインを飲んでいます。こう書くとまた薬効の話に戻ってしまいますが、酒そのものが長寿の秘訣というわけではない気がします。

さらに、沖縄の人たちは昆布をよく食べるとか、ゴーヤーを食べるからと、長寿をすぐに飲食の要素と結び付けてしまいますが、それらもすべてではない気がします。ゴーヤーにイタリア南部との共通点はないのですから。

では、酒のほかに何が共通しているかといいますと……まず、どちらも家族や近所の人たちを大切にし、その土地の文化に誇りを持っていることとです。次に、これらの地方の人たちは皆唄うのが好きです。昔から伝わるその土地の歌を子供の頃から唄う。日中の仕事やさまざまなことは、すべて忘れて皆で集まって唄う。その「歌」という共通項が、そこに集まるすべての人のコミュニケーションツールとなっています。

その日のストレスは、その日のうちに発散する。だから元気でいられるのかもしれません。そして、皆で楽しく語り合い、唄うためには少量の酒があったほうがいい。……という意味で、ワインも酒も健康に良いのかもしれません。

ワインは本来、酔うためだけに飲むものじゃない

日本では料理と酒の関係について、よく「酒の肴」などといった表現を使います。この場合の肴（料理）は、主たる酒を飲むためにあるものとなっています。

料理屋などで、〝会席料理〟を食べながら酒を飲んでいますと、ほぼすべての料理が供されたところで、「この後お食事ですが、いかがいたしましょうか」と声をかけられます。とすると今までの刺し身や焼き物は食事と呼ぶなかに含まれていなかったことになります。そして、この場合の「お食事」には酒ではなくお茶が添えられます。

ようするに日本での酒の飲み方は、西洋で言うところのアペリティフ（食前酒）で、その時間が長く、逆にごはん、みそ汁、一菜をいただく〝食事〟時間はひじょうに短い。だから、ワインと料理の話をするときによく使う「食中酒」という言葉については、慣習的なポイントからの意味の理解が必要となります。

「ワインにはチーズがいいね」と話す日本人の場合も、ワインを飲むのにはチーズという肴がよいという意味であり、ワインバーでワインとチーズを楽しんだ後、ラーメン屋でのラーメンを〝食事〟としています。これは、日本人の酒を飲む目的は酔うことにあり、酔ってコミュニケーションを図る、酔ってうっぷんを晴らす、酔って盛り上がる、などということが前提となっているのです。しかしフランスやイタリア、スペインなどでごく日常的に家庭などの毎食時にワインが供されるのは、家族全員で酔うのが目的ではありません。主たる目的はより食事を美味しく、そして次に愉しくあることでしょう。もちろん愉しくあるために、ある程度のワインのアルコールによる〝酔い〟もその要素になってはいますが、日本人の考えるところの〝酔い〟とは少しニュアンスが異なります。

そこで、ワインと料理の話になりますが、フランスやイタリアなどの地方を旅しながら、町の小さなビストロに入り、その土地の伝統的な料理と、その土地で日常的に飲まれているワインを合わせていただくと、どんなに評価が高い三つ星レストランのクリエイティブな料理と最高級ワインとの組み合わせよりも感動することが多くあります。なぜなら、三つ星レストランの料理や最高級のワインは、それぞれの完成度が高いので、他の要素を取り入れてより素晴らしくなることが少ないからとも言えます。

一方田舎のビストロのたとえば仔羊《こひつじ》の煮込みなどは、料理だけ食べているとしだいにワンパターンの味わいに飽きてしまったり、なにかものたりなく感じたりすることがありますが、ワインを飲むことで、ワインの酸味や苦味などが料理の味を引きしめ、ワインの風味がスパイスの代わりとなり、がぜんおいしく感じるのです。

ようするに、完成度の高い料理であるほど卓上の調味料は必要がなくなるのと同じように、ワインは飲む調味料のような役割であるとも言えますし、その時を愉しませてもくれるし、また人の足りないところを補ってくれる「調味料」でもあるのです。

ホストの役割をしっかり果たしていますか？

ある店のソムリエが「私どもは誠意を持って、お客様をおもてなしいたします」と話していました。だが、これは大きな間違いです。なぜなら、レストランで〝もてなし〟をしているのはけっしてソムリエではなく、飲食の代金を支払うはずの、いわゆる「ホスト」が、その方の「ゲスト」をもてなしているのであって、「ゲスト」は「ホスト」にもてなされているはずだからです。

好きな女性のバースデーにと、フレンチレストランを予約し、バースデーケーキをアレンジしてもらっていたとしましょう。そのバースデーケーキと共に「この花は私どもからのプレゼントです」、さらには「バースデーソングを歌います」と、店のスタッフ全員がテーブルを囲み、大合唱が始まる。その女性はキャンドルの火を一息で消し、そして「どうもありがとう♥」と店のスタッフの顔を見ながら答える。よくありがちな光景ですが、考えてみればエスコートした男性にとっては、なんと余計なおせっかいであることか。

　本来ならば、シャンパーニュも含めた飲食の代金を払い、ケーキのアレンジを頼んでおいたその男性の顔を見ながら、その女性は「ありがとう♥」というべき場面ですし、男性もそのために何日も前からアレンジしてきたのです。この場合店のスタッフはバースデーケーキを用意し、女性の前に置くときに、男性の顔を見ながら「承っておりましたバースデーケーキです」とだけ伝える。あとは二人の世界を尊重して、あくまでその男性のアレンジに対して女性が感動し、感謝することをアシストするのが仕事です。つまり店側は、けっして〝もてなし〟を仕事とするのではなく、もてなしの場面でのアシストを仕事とするべきなのです。

　ですが、なにもいつも店側が悪いわけでもありません。なぜなら、もてなすべき男性が、レストランに入った途端に自分自身が〝客〟に、つまり「ゲスト」になってしまう場合も多いからです。「ホスト」不在のテーブルとなり、結果、店のスタッフが「ホスト」の代わりのような役割を果たす構図とならざるをえません。入口で女性がコートを脱ぐのを手伝うのも店側のスタッフ、ワインの話を女性に細かく説明するのもソムリエ……そして男性は最後に支払うのみ。出口でその女性はソムリエの顔を見ながら「今日は楽しかったです。ごちそうさま」。この言葉、いったい誰のために言うべきでしょうか。

レストランではホストとゲストの関係、もてなす人ともてなされる人の関係を大切にしたいものです。ソムリエやサービススタッフ、料理人は皆、もてなしをするホストのためのアシスタントであるのですから。

ワインは日常的に愉しんでこそ意味がある

今、この原稿をパリのカフェで書いています。隣で食事をしている夫婦は、カラフェ（水差し）に入った赤ワインを、バベット（牛のはらみ）のステーキとともに味わっています。

店のホワイトボードに記されたその二分の一（五〇〇ミリリットル）のカラフェ入りの赤ワインの値段は四ユーロ（五五〇円くらい）。

昨夜は、パリにある三つ星レストランの老舗「タイユヴァン」で食事をしました。注文したワインは一本二〇〇ユーロ（二万八〇〇〇円弱）。タイユヴァンではそれほど高価なワインではありません。五〇〇ミリリットルに換算すると、三三倍以上の値段の差になります。

でも、この両者の味に三三倍の差は誰が飲んでも感じないでしょう。そして、隣の夫婦の過ごすこの時間と空気の心地よさと、タイユヴァンのそれも比べることはできません。

この夫婦は自宅での食事時もきっとワインを開けていつものグラスに注ぎ、二人の間の空気と時間をつないでいるのでしょう。そのワインのある食卓はすでにあまりにも日常的過ぎて、愉しむためのものでもあることさえ忘れてしまっているかもしれません。

でも週に一度、あるいは月に一度、こうして近くのカフェでの食事時に注文する四ユーロのワインは、いつもと違う役割を果たします。そして、年に一度の結婚記念日に予約をしたレストランでは、とっておきのワインを注文するのでしょう。四ユーロの何倍もするそのワインがつなぐ二人の絆《きずな》は、その金額の差のさらに何倍もの価値があるものとなります。

ワインというういわば単なるアルコール飲料は、不思議なことにこの日常と非日常のどちらをも演出することができます。そして日常を知るからこそ非日常をより豊かなものにすることが可能ですし、また非日常のすばらしさを知っているからこそ、日常の大切さを理解することができるのです。だから、四ユーロのワインで愉しいひとときを過ごすことができないのならば、到底二〇〇ユーロ分の時を過ごすことはできないだろうと思います。

隣の夫婦がタイユヴァンに行ったなら、きっと三三倍よりもはるかに大きな価値を感じるはずです――私にはそう思えてきました。

今夜はこのままこの店で夕食をとろうと思います。四ユーロよりはるかに大きな価値を見つけるために。

私自身も、ワインを食卓の上に置くことの目的が愉しむためにあることを常に感じながら、その愉しみをこれからもずっと伝えていきたいとパリのカフェであらためて思いました。

田崎真也（たさき・しんや）　ソムリエ
1958年東京生まれ。1977年にフランスへ渡りソムリエ修業。1983年「全国ソムリエ最高技術賞コンクール」で優勝。1995年「世界最優秀ソムリエコンクール」で優勝を果たす。都民文化栄誉章、フランス農事功労賞シュヴァリエなどを受章。1997年から「ワインは憶えてから楽しむものではなく、楽しんでから憶えるもの」をコンセプトに東京・愛宕で「田崎真也ワインサロン」を主宰。ワインだけではなく、日本酒や焼酎にも造詣が深く、「ワイン生活」（新潮社）、「本格焼酎を愉しむ」（光文社）、「日本酒を味わう」（朝日新聞社）など著書は30冊を超える。

初出
・「Agora」1997年〜2000年
・「セブンシーズ」
※掲載当時の為替レートを使用

口絵写真／「五代目野田岩」協力
撮影／メディアプレス

うなぎでワインが飲《の》めますか？
――そば、てんぷら、チョコレートまでのワイン相性術《あいしょうじゅつ》――

田《た》崎《さき》真《しん》也《や》

二〇〇六年一月十日　初版発行

発行者　田口惠司
発行所　株式会社角川書店
東京都千代田区富士見二—十三—三
〒一〇二—八一七七
振替〇〇一三〇—九—一九五二〇八
電話　営業　〇三—三二三八—八五二一
　　　編集　〇三—三二三八—八五五五

装丁者　緒方修一（ラーフイン・ワークショップ）
協力　佐藤由起
印刷所　暁印刷
製本所　BBC

ISBN4-04-710021-8 C0295 角川oneテーマ21 B-78

B-43
三色ボールペン情報活用術
齋藤　孝

「整理術」からクリアな「活用脳」へ。手帳術・メモ力・図化力を鍛え、高速資料チェック法を完全マスター。三色ボールペン方式で身につける画期的なビジネス情報術。

B-44
日本語は悪魔の言語か？
――ことばに関する十の話
小池清治

「近くて遠い国」と「遠くて近い国」は同じか？　日本語に関する十の謎を身近な言葉や古典の文章を題材に徹底解明。日本語のおもしろさと、不思議さが楽しめる一冊。

B-45
アナウンサーの話し方教室
テレビ朝日アナウンス部

現役アナウンサーたち公認の「理想の話し方」実践読本。仕事や日常会話でも役に立つ、ちょっとした会話術のヒントが満載。〈会話が苦手〉とお悩みの方、必読の一冊。

B-46
英語「超応用」を一日30分！
尾崎哲夫

20万部のベストセラー！の待望の「応用編」が登場。基本の基本をマスターしたら、ワンランク上の英語をマスターしよう！　誰でも理解できる驚異の学習法。

B-47
まだまだ磨ける国語力
――言葉の点検ワークブック
樺島忠夫

「おはらい箱」とはどんな箱か？手紙の結びの「かしこ」の意味は？　日本語力を総復習できる言葉のレベルアップ練習帳。普段使う、なにげない日本語に意外な意味が！

B-48
ビジネス文完全マスター術
篠田義明

企画書、報告書、レポート、提案書、小論文まで、文章が苦手な人でも、分かりやすい文章が書ける〈書き方の技術〉を公開。要領がいい実用文の基本の基本が分かる。

B-49
経済用語がスラスラわかる本
岩崎博充

ビジネスマンのためのコンパクトな経済入門書。日経新聞、会社四季報などをすぐ読めるようになる経済用語を解説、ビジネスのサブテキストとして活用できる。